Krupop

Das Einmaleins des Beamtenlebens

Das Einmaleins des Beamtenlebens

von

Janina Krupop

KSV Medien

MIX
Papier | Fördert gute Waldnutzung
FSC® C019821

Die Herstellung bei KSV Medien erfolgt weitgehend digital und in dem Bewusstsein, eine möglichst ressourcenschonende Produktion zu gewährleisten.

Bibliografische Information der Deutschen Nationalbibliothek
Die Deutsche Nationalbibliothek verzeichnet diese Publikation in der Deutschen Nationalbibliografie; detaillierte bibliografische Daten sind im Internet über http://dnb.dnb.de abrufbar.

Satz: MetaLexis · Niedernhausen
Druck: Druckerei C.H.Beck • Nördlingen

ISBN: 978-3-8293-1887-7

Inhalt

Wozu dieses Buch?

An einem meiner ersten Tage im Dienst des Staates rief mich der stellvertretende Regierungsdirektor in sein Büro und legte mir ein paar Broschüren zum Thema „Krankenversicherung“ hin. „Das müssen Sie sich einfach mal durchlesen und schauen, was für Sie sinnvoll ist. Müssen Sie ja nicht gleich entscheiden. Denken Sie aber gründlich darüber nach, das ist eine Entscheidung fürs Leben!“ Mit diesen wenig hilfreichen Sätzen entließ er mich zurück in mein Büro. Ich fühlte mich mit einer Unmenge von Fragen allein gelassen. Eine Entscheidung fürs Leben sollte ich fällen, und das ganz allein? Mit 31 Jahren? Verbeamtet wird man auf Lebenszeit. Auch das ist eine Entscheidung fürs Leben, die nicht nur Rechte, sondern auch Pflichten mit sich bringt. Ich frag(t)e mich: Kann ein junger Mensch in seinen Zwanzigern oder Dreißigern eine solche Entscheidung überhaupt richtig treffen?

Ich begann also zu recherchieren, den Begriff „Beihilfe“ hatte ich bis dahin noch nicht einmal gehört. Habe ich chronische Vorerkrankungen? Bin ich eine medizinische Risikopatientin? Muss ich das denn wirklich alles jetzt entscheiden und nicht erst in ein paar Jahren?

Ich verlor mich immer tiefer im Gewirr der Krankenkassenforen, las von eindringlichen Warnungen vor der privaten Krankenversicherung und telefonierte mit unzähligen Versicherungsvertretern.

Die Krankenkasse war aber nur eines solcher Themen. Mit der Dienstwohnung ging es direkt weiter. Die zuständige Stelle lehnte meine Anfrage nach einer solchen nämlich prompt ab und ich hatte täglich drei Stunden Arbeitsweg vor mir.

Ständig tauchten Begriffe auf, mit denen ich mich auseinandersetzen sollte, ohne zu wissen, worum es dabei ging. Manchmal erfuhr ich nur zufällig im Gespräch mit Kollegen von einer Möglichkeit. Wendete ich mich an frisch verbeamtete Kollegen, waren die oftmals genauso ratlos. „Ich weiß doch auch nicht, wie das mit den Erfahrungsstufen abläuft!“, „Wenn du nicht auf Lebenszeit verbeamtet wirst, bekommst du bestimmt auch keine Beförderung“ – Halb- und Falschwissen kursierte und verunsicherte mich mehr und mehr. Gesetze, Verordnungen, Richtlinien, zuständige Sachbearbeiter – bei jeder Frage begann die Recherche nach einer Antwort erneut. Auch nach drei Jahren im

Dienst waren sich Kollegen immer noch nicht sicher, ob man bei einer Teilzeitbeschäftigung eigentlich auch eine Nebentätigkeit ausüben darf oder was zu tun ist, wenn die Beurteilung vergessen wurde.

Ich wurde allmählich wütend. Es kann doch nicht sein, dass es nirgendwo einen Überblick über die Grundbegriffe des Beamtentums gibt! Wie kann es sein, dass es Millionen von Ratgebern zu allen Themen gibt, aber nicht für den Einstieg ins Beamtentum? Dann musst Du dieses Buch eben selbst schreiben, sagte ich mir.

Hier ist es also. Dir, lieber Leser, wünsche ich damit einen leichteren Einstieg in das Beamtentum, als ich ihn hatte und vor allem: viele Antworten auf all die Fragen, die Du Dir in den nächsten Monaten und Jahren stellen wirst.

Aus Gründen der besseren Lesbarkeit und des Umfangs wegen werden durchgehend männliche Personen- und Funktionsbezeichnungen verwendet. Mit diesen sind alle Geschlechter gleichermaßen gemeint.

Die wichtigsten Vorschriften für Beamte

Beamte unterschreiben keinen Arbeitsvertrag, sie leisten einen Eid und müssen in Gesetze schauen. Alles, was das Beamtendasein betrifft, von der Einstellung über die wöchentliche Arbeitszeit bis zur Pension, ist fest in Gesetzen geregelt. Es ist daher unabdingbar, dass man sich mit diesen Vorschriften vertraut macht und sie kennt. Man muss nicht wissen, was genau dort steht, aber man sollte stets wissen, wo etwas steht. Ich nehme auf die hier genannten Gesetze immer wieder Bezug. Für Bundesbeamte gelten die Gesetze unmittelbar aus dem Bundesrecht. Für Landesbeamte gibt es ähnliche Vorschriften in den 16 Bundesländern. Die Länder regeln ihre Beamtensachen aber selbst und haben daher in fast jedem Bereich eine eigene Verordnung oder ein eigenes Gesetz geschaffen.

Abschließend ist die folgende Aufzählung nicht, denn es existieren zahlreiche weitere Verordnungen und vor allem Dienstvorschriften, die jede Behörde anders ausgestaltet. Ich nenne daher nur die Wichtigsten, die jeder Beamte kennen sollte und die allgemein gehalten sind. Es schadet nie, die Vorschriften des Bundes zu kennen, denn die Länder haben vergleichbare oder dieselben Regelungen getroffen bzw. berufen sich auf die Bundesvorschriften. Ausgangspunkt des Berufsbeamtentums ist für alle das Grundgesetz. Die Grundrechte und Art. 33 Abs. 5 GG sollten unbedingt bekannt sein.

Die beiden wichtigsten Gesetze sind das Bundesbeamtengesetz für Bundesbeamte und das Beamtenstatusgesetz für Landesbeamte. Letzteres gilt in Verbindung mit den Landesgesetzen. Alle Landesvorschriften nehmen auf das Beamtenstatusgesetz Bezug. So heißt es in § 1 Landesbeamtengesetz Berlin zum Beispiel: *„Ergänzend zum Beamtenstatusgesetz vom 17. Juni 2008 gilt dieses Gesetz […]"* und im Bremischen Beamtengesetz in § 1 BremBG *„Dieses Gesetz gilt neben dem Beamtenstatusgesetz vom 17. Juni 2008 in der jeweils geltenden Fassung […]"*.

Zum Einstieg empfehle ich einen Blick in die Bundeslaufbahnverordnung. Dort sind sämtliche Begriffe rund um das Beamtendasein genannt und erklärt.

Das Beamtenversorgungsgesetz (BeamtVG) regelt die Versorgung der Beamten des Bundes, für Landesbeamte gelten die Vorschriften ihres Landes.

Im AGG (Allgemeines Gleichbehandlungsgesetz) stehen Benachteiligungsverbote und was zu tun ist, wenn eine Benachteiligung auftritt. Das Gesetz gilt auch für Beamte.

Die Arbeitszeitverordnung (AZV) regelt die Arbeitszeiten von Bundesbeamten, für Landesbeamte gilt die jeweilige Verordnung ihres Landes. Das gleiche gilt für die Verordnung über das Trennungsgeld bei Versetzungen und Abordnungen (Trennungsgeldverordnung – TGV).

Das Disziplinarverfahren ist für Bundesbeamte im Bundesdisziplinargesetz (BDG) geregelt. Die Länder haben eigene Disziplinargesetze.

Das Bundesbesoldungsgesetz (BbesG) regelt die Besoldung für Bundesbeamte, die Länder regeln ihre Besoldung selbst. Auch das Beihilferecht ist nicht einheitlich geregelt. Es gibt die Bundesbeihilfeverordnung (BBhV) und die Landesbeihilfeverordnungen. Urlaub ist für Landesbeamte in ihren Landesgesetzen geregelt, für Bundesbeamte gilt die Erholungsurlaubsverordnung.

Wie entstand das Beamtenwesen?

Beamte – das sind die Menschen in eintönigen Büros, einem bürokratischen Arbeitstrott und einem sicheren Job. „Freitags ab eins macht jeder seins" lautet das gängige Vorurteil über das deutsche Beamtentum, ebenso wie: „Nach 16 Uhr arbeitet keiner mehr, alles Sesselfurzer, von elf bis zwölf Uhr ist sowieso Mittagspause" usw. Kurz gesagt: Die gängige Vorstellung von einem typischen Beamten ist ziemlich negativ. Das Berufsbeamtentum wird heutzutage gern mit Arbeitsträgheit in Verbindung gebracht. Doch das war nicht immer so. Seit sich Menschen in komplexen Gesellschaften zusammenfanden, bestand die Notwendigkeit von Organisation und Struktur, und zwar in allen Staaten.

Ein fernöstlicher Gelehrter zählt bis heute zu den prägendsten und berühmtesten Einflüssen auf das Staatswesen: Konfuzius. Dem Philosophen war ein harmonisches und geordnetes Zusammenleben eine Herzensangelegenheit und seine Lehren wurden schließlich zur Staatsphilosophie. Im alten China waren es die kaiserlichen Beamten, die eine gute Bildung und hohes Ansehen genossen. Sie standen für Kultur und Entwicklung und genossen weitreichende Privilegien. Chinesische Beamte berieten den Kaiser, arbeiteten als Juristen, Lehrer und Minister und galten gemeinhin als herausragend klug und vorbildlich in ihrem Verhalten. Gemäß konfuzianischer Lehre galt die Loyalität zum Dienstherrn als höchste Tugend des chinesischen Beamten. Diese Tugend gilt bis heute weltweit als eine wesentliche Pflicht des Berufsbeamtentums.

Im deutschen Mittelalter war kein Platz für edle Staatsdiener und konfuzianische Weisheiten. Das deutsche Beamtenwesen nahm erst im 18. Jahrhundert durch zwei preußische Könige so richtig Fahrt auf. Friedrich Wilhelm I. und Friedrich II. von Preußen propagierten das Bild vom pünktlichen, treuen, fleißigen und folgsamen Staatsdiener. Daher gilt Friedrich Wilhelm I. als Vater des Berufsbeamtentums. Es sollte endlich Ordnung in das Staatsgefolge einkehren. Diese heute gemeinhin als preußische Tugenden bezeichneten Eigenschaften wurden den Amtsträgern quasi „eingeprügelt". Bis heute gelten Pünktlichkeit und Ordnung als typisch deutsche Eigenschaften. Gemäß konfuzianischer Lehre gilt auch heute noch die Loyalität gegenüber dem Dienstherrn als die wichtigste Voraussetzung und Eigenschaft der Beamten.

Beamte stehen in einem Treueverhältnis zu ihrem Dienstherrn. So altmodisch diese Worte klingen mögen, treffen sie den Nagel auf den Kopf, denn das Treueverhältnis gilt beidseitig. Der (Staats-)Diener ist seinem (Dienst-)Herrn treu ergeben, befolgt gewissenhaft dessen Befehle und ist dabei zuverlässig und ehrlich. Der Dienstherr indes sorgt sich um seinen Diener, gewährt ihm ein Leben lang Beschäftigung und Versorgung. Dieses historische Bild sollte man sich stets vor Augen halten, wenn man die Besonderheit des Beamtentums verstehen möchte.

Was sind eigentlich Beamte?

Beamtinnen und Beamte stehen zu ihrem Dienstherrn in einem öffentlich-rechtlichen Dienst- und Treueverhältnis (Beamtenverhältnis).
§ 4 BBG und § 3 BeamtStG

Bestimmte Aufgaben stuft der Staat als so wesentlich ein, dass er sie selbst ausführen möchte. Da der Staat die „Hoheit" ist, nennt man diese Aufgaben hoheitliche Aufgaben. Wer hoheitliche Aufgaben erledigt, arbeitet im öffentlichen Dienst. Das sind derzeit etwa fünf Millionen Menschen in Deutschland, davon sind circa zwei Millionen verbeamtet und drei Millionen angestellt.[1] Die Tätigkeitsfelder sind vielfältig. Die meisten Menschen denken beim Beamtentum wahrscheinlich an das Finanzamt oder Bürgeramt. Verbeamtet sind aber auch Richter, Staatsanwälte, Polizisten oder Lehrer, Personen im sozialen Sektor, Gesundheits- und Bildungsbereich. Der öffentliche Dienst umfasst eine Vielzahl von Aufgaben. Der wesentlichste Unterschied zwischen Beamten und Nicht-Beamten ist der sogenannte „Status". Der Status umfasst die Krankenversicherung und die Altersversorgung, also die gesetzliche Absicherung. Diese ist für Beamte grundlegend anders gestaltet. Der Staat sagt quasi: ‚Wenn Du für mich arbeitest und grundlegende hoheitliche Aufgaben erfüllst, dann kümmere ich mich auch um Dich. Wenn Du krank wirst, zahle ich dir eine finanzielle Hilfe, das ist die Beihilfe, und wenn Du alt bist, zahle ich Dir eine Pension.' Beamte erhalten aber noch viele weitere Vorteile von ihrem Dienstherrn, zum Beispiel eine bessere Bezahlung und Zuschläge für Ehepartner oder Kinder oder ein unkündbares Dienstverhältnis nach Ablauf einer gewissen Probezeit. Deswegen müssen Beamte auch nicht in die Arbeitslosenversicherung einzahlen, denn sie können gar nicht mehr arbeitslos werden. Das wiederum finden Kreditgeber toll und freuen sich stets über Beamte als Kunden. Aber ist das nicht etwas unfair gegenüber „normalen" Arbeitnehmern? Wieso kümmert sich der Staat so gut um seine eigenen Diener? Der Grundgedanke dahinter ist ziemlich edel: Staatsdiener sollen loyal und gewissenhaft arbeiten und sich nicht korrumpieren lassen. Je mehr Benefits sie erhalten, desto eher werden sie tugendhaft arbeiten, sich nicht bestechen lassen und dem Dienstherrn die Treue halten. Das Gesetz spricht daher auch vom sogenannten Treueverhältnis zum Dienstherrn. Das Beamtenverhältnis ist ein Treueverhältnis. Für Beamte des Bundes steht das in § 4 Bundesbeamtengesetz, für Beamte der Länder und Gemeinden in § 3 Beamtenstatusgesetz.

Zum Vertiefen: Die §§ 1–3 Beamtenstatusgesetz (BeamtStG) bzw. §§ 1–4 Bundesbeamtengesetz (BBG) definieren, was Beamte sind und wer Dienstherr ist.

Was ist der Unterschied zwischen Beamten und Angestellten im Öffentlichen Dienst?

Dieses Buch richtet sich seinem Titel nach an Beamte, aber gelten die meisten enthaltenen Informationen nicht ebenso für Angestellte im Öffentlichen Dienst? Sind Angestellte einfach wie Beamte ohne Privilegien? Quasi das Fußvolk des Öffentlichen Dienstes? Ist das Beamtentum etwas, was jeder Angestellte im Öffentlichen Dienst anstrebt? Nein, so ist es nicht. Klar, die beiden Berufsgruppen haben vieles gemeinsam, aber sie unterscheiden sich auch an entscheidenden Stellen. Vor- und Nachteile gibt es auf beiden Seiten.

Der wichtigste Unterschied macht sich auf dem Gehaltszettel bemerkbar: Beamte müssen nur Lohnsteuer zahlen, sind also von Sozialversicherungsbeiträgen befreit. Damit bleibt mehr Netto- vom Bruttogehalt – auf den ersten Blick. Beamte müssen ihre Krankenversicherung nämlich komplett selbst zahlen, der Betrag muss also stets vom Nettogehalt abgezogen werden. Trotzdem verdienen Beamte unterm Schnitt deutlich mehr als ihre nicht-verbeamteten Kollegen. Am deutlichsten zeigt sich das im Lehrerberuf. Manche Bundesländer verbeamten ihre Lehrer, andere nicht. Dennoch machen alle die gleiche Arbeit! Der Betriebswirtschaftler Michael Popp untersuchte in seiner Dissertation 2017 die Einkommensunterschiede von verbeamteten und angestellten Lehrern in Bayern und kam zu einem ernüchternden Ergebnis. Ein lediger verbeamteter Lehrer verdient im Durchschnitt 206.000 Euro mehr als sein angestellter Kollege. Bei einem verheirateten Lehrer mit zwei Kindern sind es sogar 373.000 Euro mehr.[2]

Das führt natürlich auch zu einem deutlichen Unterschied zwischen Pension und Rente. Während Beamte nach 40 Dienstjahren bis zu 72,16 Prozent ihres letzten Gehalts an Pension erwartet, sind es bei Angestellten im Durchschnitt nur 48 Prozent. Allerdings ist zu beachten: Kaum ein Beamter erhält tatsächlich ein Ruhegehalt von mehr als 70 Prozent seines letzten Gehalts und Angestellte erhalten in den meisten Fällen zusätzlich eine Betriebsrente.

An dieser Stelle darf nicht vergessen werden, dass Angestellte deutlich freier beim Dazuverdienen sind, während auch im Ruhestand befindliche Beamte bei möglichen Zuverdiensten strengeren Grenzen unterliegen.

Beamte dürfen nicht streiken, sie sollen Vorbild sein und unterliegen zahlreichen Reglementierungen – bis in das Private hinein. Sie leisten einen Amtseid, der sie zu lebenslanger Loyalität verpflichtet. Hiervon sind Angestellte im öffentlichen Dienst ausgenommen. Auch das Nebentätigkeitsrecht ist für Beamte strenger als für Angestellte.

Zusammenfassend lässt sich sagen: Beamte sind besser abgesichert, zahlen dafür aber auch einen höheren Preis in Form der Einschränkung ihrer Meinungsfreiheit, beruflichen Selbstverwirklichung und individuellen Entfaltung. Angestellte müssen Einbußen bei der Absicherung hinnehmen, sind dafür aber freier bei der Ausübung ihrer Rechte und Freiheiten.

Ansonsten jedoch gelten viele Vorschriften für beide Gruppen.

Praxisstimme: Roman B., 36, Lehrer aus Sachsen, angestellt
Ich habe Lehramt studiert und mit dem Staatsexamen abgeschlossen. Für Lehrer gibt es in Sachsen die Möglichkeit, in den öffentlichen Dienst oder an eine private Schule zu gehen. Ich wollte von Anfang an nicht in Vollzeit arbeiten, da ich nebenbei noch Musiker bin, daher arbeite ich in Teilzeit und habe damit keine Möglichkeit, mich verbeamten zu lassen. Ich habe mich also bewusst gegen die Verbeamtung entschieden, was okay für mich ist. Die ganzen Pflichten, die die Verbeamtung mit sich bringt, sind mir zu sehr Einschränkung. Netto verdiene ich etwa 1.900 Euro für 16 Stunden Unterricht, 26 Stunden sind bei uns Vollzeit. Wenn ich etwas an meiner Arbeit ändern könnte, dann würde ich den Betreuungsschlüssel optimieren. Also kleinere Klassen oder auch zwei Lehrer in einer Klasse. Im Großen und Ganzen bin ich aber zufrieden.

Staatsdienst vs. Freie Wirtschaft

Jede Medaille hat zwei Seiten. Vieles, was für Beamte positiv erscheint, hat auch seine Nachteile. Da jeder Mensch beruflich individuelle Präferenzen hat, solltest Du Dir darüber im Klaren sein und Dir genau überlegen, wo Du Deine Schwerpunkte setzt und was Dir am wichtigsten ist. Ansonsten könnte Dich der öffentliche Dienst schnell unglücklich machen. Die Arbeit im Staatsdienst unterscheidet sich in vielerlei Hinsicht von der Arbeit in der freien Wirtschaft. Der wichtigste Unterschied ist: Sicherheit vs. Freiheit. Beamte genießen einen lebenslangen Arbeitsplatzschutz und Versorgung bis zum Tod. In der freien Wirtschaft ist der Arbeitsplatz nie wirklich sicher. Auch nach 20 Jahren im Unternehmen ist eine Kündigung möglich. Dafür geht der Staatsdienst aber mit einer Einschränkung der persönlichen Freiheiten einher, was wir im Kapitel über die Pflichten von Beamten noch eingehend betrachten werden. Mancher möchte lieber etwas mehr berufliches Risiko, dafür aber die Freiheit, weniger zu arbeiten, später woanders zu arbeiten, so viel dazu zu verdienen, wie man möchte etc. Auch die vielen starren Regeln und Vorschriften, die mit dem Beamtentum einhergehen, sind für kreative Köpfe meistens nichts und wirken abschreckend. Eine selbstständige Tätigkeit könnte dann passender sein.

Große Unterschiede gibt es zudem beim Gehalt. Das Gehalt bzw. die Bezüge werden im Öffentlichen Dienst nicht individuell verhandelt, sondern sind starr festgelegt. Es ist also egal, wie viele Zusatzqualifikationen und Auslandspraktika Du mitbringst – sofern Du die Anforderungen an die Ausschreibung einer Stelle erfüllst, bekommst Du genau das gleiche Gehalt wie alle anderen auch. In Unternehmen werden Gehälter individuell verhandelt und je nach Erfahrung und Qualifikation kannst Du ein höheres Gehalt aushandeln. Das mag für den ein oder anderen frustrierend sein, für viele bedeutet das eine Erleichterung. Die sogenannte Gender-Pay-Gap aufgrund unterschiedlicher Begabungen bei der Gehaltsverhandlung kennt der Öffentliche Dienst jedoch nicht.

Modern ausgestattete Büros, Homeoffice, iPhone etc. – der Öffentliche Dienst rüstet zwar seit der Corona-Pandemie nach, die digitale Ausstattung ist mit der eines Unternehmens in aller Regel aber nicht vergleichbar. Flexible Arbeitszeitmodelle, ortsunabhängiges Arbeiten, E-Mails vom Strand aus verschicken – das kennt der Öffentliche Dienst nur in sehr begrenztem Maße.

Dafür sind geregelte Arbeitszeiten im Öffentlichen Dienst wesentlich leichter durchzusetzen als in einem Unternehmen. Gerade für Eltern bedeutet das eine erhebliche Erleichterung im Alltag.

Karrierechancen sind hingegen begrenzt, viele Beamte sitzen jahrelang auf derselben Position fest. Wer hingegen fleißig ist und Zusatzqualifikationen erwirbt, hat in der freien Wirtschaft deutlich mehr Chancen voranzukommen.

Diese Vor- und Nachteile sollte ein jeder unbedingt individuell für sich abwägen, bevor die Entscheidung für oder gegen den Staatsdienst getroffen wird.

Ein Termin auf dem Amt

In Berlin sind Termine bei Behörden nur schwer zu ergattern. Obwohl mittlerweile ein Online-Termin-Service zur Verfügung steht, sind die Termine Monate im Voraus ausgebucht und wenn man sich nicht morgens um sieben Uhr an den Laptop hängt und permanent auf „Aktualisieren" klickt, bekommt man keinen. Hat man es dann geschafft, darf man um 6:30 Uhr vom südlichsten Zipfel Berlins in den höchsten Norden fahren, weil der einzig freie Termin im Bezirksamt Hohenschönhausen war. Dann muss man aufs Amt. So heißt das in Berlin und vielen anderen Orten auch. Was ist dieses Amt denn? Der Begriff „Amt" taucht überall im öffentlichen Dienst auf: das Amt, der Amtsmissbrauch, der Amtseid, das Ordnungsamt, Ehrenamt, Amtssprache, Amtsträger usw.

Das Amt an sich als Institution existiert gar nicht, sondern hat sich so im alltäglichen Sprachgebrauch eingebürgert. Wenn das Gesetz von Amt spricht, meint es daher auch etwas anderes: zum einen die Position des Beamten und damit zusammenhängend die Laufbahngruppe, die Berufsbezeichnung, den Tätigkeitskreis und die Besoldung, zum anderen den Dienstposten des Beamten im Zusammenhang mit seiner konkreten Dienststelle. Dieses „Amt" kann sich nämlich durch Versetzung oder Abordnung ändern, ohne dass sich die Besoldung oder Laufbahngruppe ändert. Ebenso kann sich die Laufbahngruppe durch Beförderung und das damit einhergehende Amt ändern, ohne dass sich die Dienststelle ändert. Der Begriff Amt bezeichnet juristisch also vielmehr Status und Funktion eines Beamten. So viel solltest Du zum Thema Amt wissen, wenn Du im öffentlichen Dienst arbeitest.[3] Außerdem solltest Du wissen, was ein Verwaltungsakt ist. In § 35 Verwaltungsverfahrensgesetz (VwVfG) ist definiert, was das ist: „Verwaltungsakt ist jede Verfügung, Entscheidung oder andere hoheitliche Maßnahme, die eine Behörde zur Regelung eines Einzelfalls auf dem Gebiet des öffentlichen Rechts trifft und die auf unmittelbare Rechtswirkung nach außen gerichtet ist." Ein Verwaltungsakt ist also eine offizielle Entscheidung oder Maßnahme, die von einer Behörde getroffen wird. Diese Entscheidung kann ganz verschiedene Bereiche betreffen. Maßnahmen, die Deinen beamtlichen Werdegang betreffen, sind in der Regel Verwaltungsakte. Die Versetzung stellt zum Beispiel einen Verwaltungsakt dar.

Probe, Widerruf, Lebenszeit, Ehrenbeamte – welche Formen gibt es?

„Ich hoffe, meine Lebenszeit kann verkürzt werden." Dieser Satz wird Dir, wenn Du Dich für einen Einstieg in den öffentlichen Dienst interessierst, total normal vorkommen. Alle anderen Menschen wird er vermutlich stark verwirren. Mit dem ersten Tag des Dienstantritts erhält man zwar schon fast alle Statusrechte eines Beamten, man ist aber noch nicht so richtig verbeamtet. Denn bis dahin ist es ein recht langer Weg. Es gibt fünf verschiedene Arten des Beamtenverhältnisses: Beamte auf Widerruf, Beamte auf Probe, Beamte auf Lebenszeit, Beamte auf Zeit und Ehrenbeamte.

Beamte auf Widerruf

Beamte auf Widerruf befinden sich in einem Ausbildungsverhältnis, das ist der sogenannte Vorbereitungsdienst. Und weil der Staat seine Auszubildenden nicht Auszubildende nennt, heißen sie Anwärter. Schließlich *warten* sie ja auf etwas: nämlich die erfolgreiche Verbeamtung auf Lebenszeit. Bis sie diese bekommen, müssen sie allerdings einige Prüfungen ablegen. Ähnlich wie Auszubildende können die Beamten auf Widerruf viel einfacher entlassen werden, wenn sie sich etwas zu Schulden kommen lassen. Ich selbst habe das juristische Referendariat absolviert. Früher waren Rechtsreferendare auch auf Widerruf verbeamtet. Die meisten Bundesländer haben das jedoch aufgrund zu hoher Kosten abgeschafft. Weil der Kampf um guten Juristennachwuchs jedoch hart ist, tendieren einige Landesregierungen dazu, den Referendaren eine Verbeamtung auf Widerruf anzubieten, sollten sie sich dazu entscheiden, den Vorbereitungsdienst in ihrem Bundesland zu absolvieren. Hessen verbeamtet seit 2020 seine Rechtsreferendare wieder und Thüringen, das 2016 als letztes Bundesland seinen Referendaren den Beamtenstatus entzogen hatte, ernennt seine Referendare seit 2021 im Vorbereitungsdienst nun auch wieder zu Beamten auf Widerruf.[4] Die Länder erhoffen sich dadurch den Zuzug von mehr Nachwuchsjuristen, um der drohenden Pensionierungswelle der Richterschaft entgegenzuwirken. In den nächsten Jahren werden immer mehr Richter in Pension gehen und es fehlt an geeigneten Nachfolgern. Die Hürden für den Richterdienst sind relativ hoch. In den meisten Bundesländern benötigt man zwei top Staatsexamen. Mit top Noten im Examen warten auf einen voll ausgebildeten Juristen jedoch deutlich höhere Gehälter in der freien Wirtschaft. Auch hier muss der Staat also nachziehen und Lockmittel finden, damit ihm die jungen Juristen nicht davonlaufen.

Der Lehrernachwuchs hat es da etwas leichter. Die Lehrtätigkeit zählt als hoheitliche Aufgabe, der Staat hat immerhin einen Erziehungsauftrag. Wer nach dem Lehramtsstudium also Lehrer werden möchte, wird für die Zeit seines Referendariats auf Widerruf verbeamtet und heißt Lehramtsanwärter.

Aber auch ohne Studium ist ein Anwärterverhältnis möglich, und zwar für alle Ausbildungsberufe im staatlichen Bereich. Polizeimeister, Offiziersanwärter, Regierungsinspektoren oder Steuersekretäre – sie sind alle Anwärter. Als Anwärter erhalten sie Anwärterbezüge, Pensionsansprüche und auch Beihilfe.

Der Beamte auf Widerruf kann sich jedoch nicht im Sessel zurücklehnen und denken, er sei am Ziel seiner Träume. Besteht er die Abschlussprüfung nicht, fliegt er raus. Ebenso, wenn die amtsärztliche Untersuchung negativ ausfällt. Dann hat man eben nur mal kurz in das verlockende Beamtenverhältnis reinschnuppern dürfen.

Beamte auf Probe

Die Probezeit ist vergleichbar mit jedem Arbeitsverhältnis auf Probe. Der neue Arbeitgeber möchte erst mal sehen, wie man sich so macht. Etwas unverhältnismäßig scheint es auf den ersten Blick aber schon, dass man als Sekretärin in einem Unternehmen in der Regel sechs Monate Probezeit hat, im Staatsdienst aber fünf Jahre. Fünf Jahre!? Was will der Staat denn da alles prüfen? Und darf man sich dann fünf Jahre gar keinen Fehltritt erlauben? Ist ja gar nicht so einfach, diese ersehnte Lebenszeit zu erhalten. Die Probezeit kann tatsächlich von sechs Monaten bis zu fünf Jahren dauern. In der Regel beträgt sie drei Jahre. Die Probezeit ist für beide Seiten von Vorteil: Der Beamte auf Probe kann schauen, ob das Beamtenverhältnis generell etwas für ihn ist. Der Staat kann schauen, ob der Beamte auf Probe auch zum Staatsdiener taugt. Je nachdem, in welchem Bereich man arbeitet, ist eine Verkürzung (aber auch Verlängerung) der Probezeit möglich. Die Gehaltsbezüge unterscheiden sich nicht zu Beamten auf Lebenszeit, ebenso erhält man Beihilfe und Pensionsansprüche.

Praxisstimme: Raffaela M., 31, Staatsanwältin in Baden-Württemberg

Ich arbeite seit drei Jahren in Baden-Württemberg am Gericht. Hier durchläuft man eine vierjährige Probezeit, also ich erhalte erst nach vier Jahren die Verbeamtung auf Lebenszeit. Die ersten zwei Jahre war ich als Richterin am Landgericht tätig, jetzt bin ich Staatsanwältin. Man soll diese beiden Berufe kennenlernen und ausüben, bevor man auf Lebenszeit verbeamtet wird. In einem sogenannten Plangespräch äußert man dann seine Wünsche und kann sich für einen der beiden Berufszweige entscheiden. Ich arbeite unter einem gewissen Erledigungsdruck. Bei Staatsanwälten werden ständig die Verfahrensein- und -ausgänge erfasst und im Dienstzeugnis hinterlegt. Aber im Großen und Ganzen ist es ein angenehmes Arbeiten. Ich werde mit R1 besoldet, das sind etwa 3.400,00 Euro netto. R2 erhält man erst mit einer Vorsitzendenstelle, Oberstaatsanwälte erhalten also R2. Aber diese Stellen sind natürlich begrenzt. In der Justiz kann einfach nicht jeder Oberstaatsanwalt werden.

Ich habe keine festen Arbeitszeiten, ich komme zwischen 8 und halb 9 ins Büro, mache eine Stunde Mittagspause und arbeite dann noch mal bis 17/18 Uhr. Wenn ich etwas ändern könnte, dann: definitiv mehr Zeit für die einzelnen Verfahren. Aber ansonsten bin ich sehr glücklich mit meiner Arbeit. Wir haben auch viele unterschiedliche Arbeitszeitmodelle, es gibt die Möglichkeit, ein Sabbatical zu machen, im Homeoffice oder in Teilzeit zu arbeiten.

Beamte auf Lebenszeit

Nach Ablauf der Probezeit und eventuell einer weiteren Gesundheitsprüfung (diese findet nicht in jedem Fall noch einmal statt) hast Du es geschafft: Du erhältst die Verbeamtung auf Lebenszeit. Die Verbeamtung auf Lebenszeit ist die Regel. Nun bist Du in einem unkündbaren und sicheren Dienstverhältnis angelangt mit all den Vorteilen, Rechten – aber auch Pflichten. Es gibt natürlich immer ein paar Verfehlungen, für die man wieder rausfliegen kann. Diese müssen aber besonders schwer wiegen und werden in diesem Buch an späterer Stelle erläutert.

Beamte auf Zeit

Beamte auf Zeit bilden eine Sonderform. Es handelt sich um Amtsträger, die demokratisch gewählt werden und deren Amtszeit daher nach Ablauf der Amtsperiode abläuft, so zum Beispiel für den Bürgermeister. Während der Amtszeit erwerben die Beamten auf Zeit Anwartschaften und können Beihilfe erhalten. Es gelten auch alle anderen Vorschriften des Beamtenrechts für sie. Die Beihilfe endet jedoch mit der Amtszeit. Ein Wechsel in die private Krankenversicherung ist daher nicht unbedingt sinnvoll.

Ehrenbeamte

Als Pendant zu ehrenamtlichen Tätigkeiten gibt es auch Ehrenbeamte. Hierzu zählen der Führer der Freiwilligen Feuerwehr oder der Honorarkonsul. Diese nehmen ebenfalls hoheitliche Tätigkeiten wahr, jedoch unentgeltlich. Ein Ehrenbeamtenverhältnis kann nicht in ein normales Beamtenverhältnis umgewandelt werden und umgekehrt. Die Bundesländer gestalten die Vorschriften über ihre Ehrenbeamten ansonsten unabhängig.

Wie werde ich Beamter?

Eignung, Befähigung, fachliche Leistung

Der öffentliche Dienst ist an einige Voraussetzungen gebunden und diese stehen bereits in Artikel 33 Absatz 2 Grundgesetz. Dort heißt es: „Jeder Deutsche hat nach seiner Eignung, Befähigung und fachlichen Leistung gleichen Zugang zu jedem öffentlichen Amte." Was das im Einzelnen bedeutet, hat der Gesetzgeber ebenfalls festgelegt. Die Regelungen finden sich im Beamtenstatusgesetz in Verbindung mit den jeweiligen Landesbeamtengesetzen für die Beamten der Bundesländer und im Bundesbeamtengesetz für die Beamten des Bundes. Das Gesetz sagt: Nach drei Jahren Probezeit ist ein Anwärter auf Lebenszeit zu verbeamten, im Falle einer Verlängerung der Probezeit nach spätestens fünf Jahren, sofern die beamtenrechtlichen Voraussetzungen vorliegen. Welche das sind, schauen wir uns im Folgenden genauer an.

In der Probezeit muss sich der Anwärter hinsichtlich Eignung, Befähigung und fachlicher Leistung bewähren. Auch das steht im Gesetz (§ 9 BeamtStG/§ 9 BBG). Die genauen Anforderungen unterscheiden sich je nach angestrebter Tätigkeit und müssen deshalb vom Dienstherrn genau festgelegt werden. Das nennt sich auch Organisationsgewalt des Dienstherrn.

Befähigung und Fachliche Leistung

Die Bundeslaufbahn definiert die Befähigung und fachliche Leistung folgendermaßen: *„Befähigung umfasst die Fähigkeiten, Kenntnisse, Fertigkeiten und sonstigen Eigenschaften, die für die dienstliche Verwendung wesentlich sind. Die fachliche Leistung ist insbesondere nach den Arbeitsergebnissen, der praktischen Arbeitsweise, dem Arbeitsverhalten und für Beamte, die bereits Vorgesetzte sind, nach dem Führungsverhalten zu beurteilen" (§ 2 Absatz 3, 4 BLV).*

Die Grundbegriffe Befähigung und fachliche Leistung sind keine Einstellungsvoraussetzungen, die man meistern und abhaken kann. Sie sind ständige Begleiter in der Laufbahn und werden bis zum Eintritt in das Pensionsalter beurteilt, überwacht und bewertet. Sie sollen daher auch stetig ausgebaut und entwickelt werden. Je nach Anforderungen des Amtes sind sie auch unterschiedlich stark ausgeprägt. Der Faktor Belastbarkeit beispielsweise ist für Lehrpersonal deutlich höher angesetzt als für Beamte ohne Kundenkontakt in der Finanzverwaltung. Bei Letzteren wird hingegen die Eigenschaft des wirtschaftlichen und planvollen Handelns stärker gewertet. Welche fachliche Leistung verlangt wird, orientiert sich an dem angestrebten Amt. Für dieses bzw. die konkret zu besetzende Stelle wird daher ein Leistungsprofil erstellt, welches meist schon im Rahmen der Ausschreibung veröffentlicht wird.

Befähigung und Leistung lassen sich übrigens nicht immer streng voneinander trennen. Fähigkeiten und Kenntnisse des Beamten sind einerseits Teil seiner Befähigung, aber auch seiner Leistung. Ganz grundsätzlich umfasst die Befähigung aber die erworbenen Kenntnisse und vor allem Abschlüsse, die ein Amt erfordert. Heißt also: Das Amt des Staatsanwaltes kann man nur mit der Befähigung zum Richteramt antreten, diese Befähigung erwirbt man durch zwei juristische Staatsexamina. Wer sich für das Amt des Bezirksschornsteinfegers interessiert, muss die handwerksrechtlichen Voraussetzungen zur selbstständigen Ausübung des Schornsteinfegerhandwerks erfüllen und über einen Meistertitel verfügen (§ 9a Schornsteinfeger-Handwerksgesetz – SchfHwG).

Zur Befähigung zählen auch soziale Kompetenzen: Kommunikationsverhalten, Teamfähigkeit, aber auch das eigene Auftreten, Souveränität, Organisationsfähigkeiten, Zuverlässigkeit, zweckmäßiges Handeln oder Eigeninitiative etc.

Eignungs-, Befähigungs- und Leistungsbewertung sind Teil jeder Beurteilung, wobei die Anforderungen stetig wachsen und individuell angepasst werden. Ein höherer Dienstposten nach einer Beförderung verlangt auch höhere Befähigungen für dieses Amt. So kann es durchaus vorkommen, dass man auf dem niedrigeren Dienstposten hervorragende Leistungen erbrachte, jetzt aber strenger und schlechter bewertet wird, da der Maßstab gestiegen ist. Dies soll in keinem Fall demotivieren, sondern dient lediglich der Klarstellung und dem Hinweis, dass man sich persönlich auch als Lebenszeitbeamter um stetige Weiterentwicklung bemühen muss und sich nicht auf seinen bisherigen Lorbeeren ausruhen sollte. Mit steigendem Amt steigen die Erwartungen und Anforderungen, die an einen Beamten gestellt werden.

Die Eignung

Die Eignung umfasst drei Aspekte: körperliche, geistige und charakterliche Eignung. Sie ist in § 2 Bundeslaufbahnverordnung wie folgt definiert: *„Eignung erfasst insbesondere Persönlichkeit und charakterliche Eigenschaften, die für ein bestimmtes Amt von Bedeutung sind.“* Die körperliche Eignung überprüft ein Arzt, die geistige und charakterliche Eignung zeigt sich während der Probezeit. Hierzu zählen unter anderem Eigenschaften wie Zuverlässigkeit, Pünktlichkeit, keine straffrechtlichen Verurteilungen, intellektuelle Begabung oder psychische Belastbarkeit.

Am meisten zittern dürften Beamtenanwärter vor der körperlichen Eignung, schließlich wird diese auch durch den Amtsarzt überprüft. Warum tut der Staat das? Nun, er muss sichergehen, dass man fähig ist, lange genug für ihn zu arbeiten. Die Untersuchung beim Amtsarzt attestiert die Dienstfähigkeit bzw. das Risiko einer drohenden Dienstunfähigkeit. Die gesundheitliche Eignung richtet sich auch immer nach der angestrebten Tätigkeit. Eine pauschale Aussage, wie leistungsfähig der eigene Körper also sein muss, kann daher nicht getroffen werden. Wirst du später in der Verwaltung landen oder bei der Polizei im Außendienst? Wirst du im Bürgeramt arbeiten oder strebst du eine Karriere als Lehrer an? Das sind je nach Beruf ganz unterschiedliche Anforderungen, die berücksichtigt werden müssen. Lehrer müssen zum Beispiel psychisch stärker belastbar sein als die Mitarbeiter im Finanzamt. Der Amtsarzt stellt ein Gesundheitszeugnis und eine Prognose aus. Wer an einer schweren Erkrankung leidet, sollte sich daher keine allzu großen Hoffnungen auf eine Verbeamtung machen. Auch Depressionen führen immer wieder zur Ablehnung der Verbeamtung, aber nicht in jedem Fall. Wege und Mittel gibt es immer.

Gegen die Entscheidung, wegen mangelnder Eignung nicht auf Lebenszeit verbeamtet zu werden, kann Widerspruch eingelegt und geklagt werden.

Die körperliche Eignung stellt also der Amtsarzt fest. Doch welche genauen Anforderungen sind an Charakter und Geist gestellt? Gelten hier absolute Zuverlässigkeit, Pünktlichkeit und Disziplin? Werden schlampige Menschen nicht verbeamtet und wie wird das Ganze überhaupt festgestellt? Den Körper kann der Arzt ja untersuchen, aber wie untersucht man bitte den Charakter eines Menschen?

Stimmt – so einfach ist das nicht. Daher haben Gerichte und Gesetzgeber Leitlinien festgelegt, die Orientierung bieten. Jeder Bewerber muss im Einzelfall individuell geprüft werden. Das ist auch der Grund, warum die Probezeit so lange dauert: Einen charakterlichen Mangel kann man eine Weile verstecken, aber eben nicht für immer.

Ganz grundsätzlich kann man sagen: Der Dienstherr trifft immer eine Prognose. Er schätzt seinen Bewerber hinsichtlich Loyalität, Aufrichtigkeit, Zuverlässigkeit und Fähigkeit zur Zusammenarbeit ein. Um es mit den Worten des OVG Rheinland-Pfalz auszudrücken: *„Es erfordert eine wertende Würdigung aller Aspekte des Verhaltens des Einstellungsbewerbers, die einen Rückschluss auf die für die charakterliche Eignung relevanten persönlichen Merkmale zulassen.“*[5]

Fallbeispiel charakterliche Eignung: Der verschlafene Casanova-Beamte

Im Jahr 2018 klagte ein Polizeianwärter gegen Zweifel an seiner charakterlichen Eignung vor dem Verwaltungsgericht Köln. Er hatte vom Dienstherrn eine sogenannte Missbilligung erhalten. Das ist eine disziplinarische Ermahnung infolge unrühmlichen Verhaltens von Beamten. Der junge Mann war Feierlichkeiten und Damenbekanntschaften zugetan und meldete sich eines Morgens verspätet zum Dienst. Die durchzechte Nacht und die beiden mit nach Hause genommenen Damen seien derart fordernd gewesen, dass er nicht pünktlich zum Dienst habe erscheinen können. Dafür hatte der Dienstherr – das Land NRW – absolut kein Verständnis. Es würdigte die Errungenschaften des Mannes leider gar nicht. Im Gegenteil – er führte aus, der Beamte störe mit seinem Verhalten nachhaltig den Betriebsfrieden, stelle private Lebensgestaltung und sein Freizeitvergnügen über seine dienstlichen Verpflichtungen und nehme damit hin, dass seine Kollegen das Ganze ausbaden müssten. Letztlich sei der Mann als Beamter ungeeignet.

Der junge Polizist konnte das partout nicht nachvollziehen, klagte gegen die Missbilligung und erhielt teilweise Recht, da diese nicht bestimmt genug formuliert gewesen sei. Der daraufhin erboste Dienstherr, der mittlerweile entschieden hatte, den Hallodri nicht auf Lebenszeit zu verbeamten, ging in die Berufung vor dem Oberverwaltungsgericht Nordrhein-Westfalen und erhielt hier Zustimmung. Auch ohne die ausgesprochene Missbilligung sei die Einschätzung über den Mann richtig.[6]

Der Fall zeigt: Wer Zweifel an seiner Loyalität und Zuverlässigkeit aufkommen lässt, kann nicht nur disziplinarische Folgen herbeiführen, sondern auch ganz rausfliegen. Am Ende kann sogar ein ermüdender und langjähriger Rechtstreit folgen.

Charakterliche Eignung: Verfassungstreue

Die Verfassungstreue ist ein wesentlicher Grundsatz des Berufsbeamtentums. Er leitet sich unmittelbar aus dem Grundgesetz (Art. 33 Abs. 5) in Verbindung mit den beamtenrechtlichen Vorschriften des Bundes und der Länder ab. Beamte müssen stets die Gewähr dafür bieten, jederzeit für die freiheitliche demokratische Grundordnung im Sinne des Grundgesetzes einzutreten. Die Verfassungstreue leitet sich auch aus der politischen Treuepflicht ab. Wer schon bei Einstellung Zweifel an seiner Verfassungstreue erkennen lässt, ist als Staatsdiener von vornherein ungeeignet. Beamte auf Widerruf und Probe können dann rasch entlassen werden. Denn sie müssen inner- und außerdienstlich mit ihrem gesamten Verhalten zu erkennen geben, dass sie fest auf dem Boden der Verfassung stehen. Hierzu zählt auch eine besondere Zurückhaltung bei der politischen Meinungsäußerung, sofern es der Dienst erfordert.

Im Jahr 2019 bekam ein 25-jähriger Polizeikommissaranwärter, der sich im Beamtenverhältnis auf Widerruf befand diese durchaus straffen Regeln zu spüren. Während einer Übung zum Funkalphabet gab er die Namen „Jude, Untermensch, Nazi, Gaskammer und Genozid“ durch, in der Annahme, dies sei witzig. Der Dienstherr schmiss ihn daraufhin raus, ein Strafverfahren wegen Volksverhetzung wurde eingeleitet. Obwohl dieses eingestellt wurde, hatte der junge Mann auch gerichtlich gegen die versagte Verbeamtung keinen Erfolg. Selbst unbeabsichtigte oder beiläufige Bemerkungen gegenüber Kollegen können eine Entlassung zur Folge haben.[7] Die Einstellung zur Verfassung und die charakterliche Eignung bilden sogenannte innere Tatsachen. Diese und das gesamte nach außen gezeigte Verhalten können Rückschlüsse erlauben, ob man charakterlich tatsächlich geeignet ist und die notwendige Verfassungstreue besitzt.

Amtsärztliche Untersuchung – nur keine Panik

Die amtsärztliche Untersuchung erwartet alle Beamtenanwärter. Ohne diese ist eine Lebenszeitverbeamtung nicht möglich. Schließlich muss der Dienstherr feststellen, ob der Anwärter geeignet ist, ein Leben lang gesundheitlich so fit zu bleiben, dass er seinen Dienst jeden Morgen antreten kann. Die Anforderungen an die eigene Gesundheit sind je nach angestrebter Tätigkeit unterschiedlich. Möchtest Du zur Polizei oder Feuerwehr, gehört ein Sporttest zur Gesundheitsüberprüfung, die Anforderungen an die Fitness sind entsprechend höher als bei Verwaltungsbeamten. Wer die amtsärztliche Untersuchung nicht besteht, wird nicht verbeamtet. Wer sie besteht und auf Lebenszeit verbeamtet wird, kann auch bei späterer Dienstunfähigkeit den Beamtenstatus nicht mehr verlieren.

Der Ablauf der amtsärztlichen Untersuchung ist fast immer derselbe. Zunächst muss man Fragen zu eventuellen Vorerkrankungen und Beeinträchtigungen beantworten, hierzu zählt auch eine bestehende Sehschwäche. Typische Fragen sind zum Beispiel solche nach dem Rauch- und Trinkverhalten, Operationen und Krankenhausaufenthalten, sportlicher Aktivität und ob Medikamente eingenommen werden. Danach folgen eine ärztliche Untersuchung sowie diverse ärztliche Tests. Das kann ein Blut-, Urin-, Hörtest, EKG und ein Test auf das Lungenvolumen sein. Der Blutdruck, die Reflexe oder das Gewicht (Body-Mass-Index) werden überprüft. Es besteht dennoch kein Grund zur Sorge. Auch bei bestehenden Erkrankungen wird die Untersuchung meist „bestanden". Denn: Nicht jede (chronische) Erkrankung führt zu einer Dienstunfähigkeit! Auch bei einer bestehenden Behinderung oder Übergewicht ist eine Verbeamtung möglich. Dies kann sich jedoch auf die Höhe der Krankenkassenbeiträge auswirken, dazu aber im Kapitel Krankenkasse mehr.

Exkurs: Psychische Erkrankungen – ein Ausschlusskriterium?

Das Bild der Psychotherapie hat sich in den letzten Jahren zum Glück geändert. Wurde früher schnell geurteilt, jemand sei „nicht ganz richtig im Kopf", wenn er zum Psychotherapeuten ging, werden eine Therapie und der Wille, an sich selbst zu arbeiten, heute grundsätzlich positiv aufgefasst. Nichts anderes sollte auch gelten. Schließlich gilt es als völlig normal, nach einem schweren Knochenbruch zur Physiotherapie zu gehen. Ebenso normal sollte es sein, aufgrund einer schwierigen Lebensphase die Hilfe eines Psychotherapeuten in Anspruch zu nehmen. Leistungsdruck, Schlafstörungen, finanzielle Probleme, traumatische Erfahrungen, Schicksalsschläge – niemand ist davor gefeit. Psychischer Stress ist zudem eine Hauptursache für andere Erkrankungen und ein geschwächtes Immunsystem. Eine Psychotherapie soll helfen und heilen und kein Ausschlusskriterium für eine berufliche Karriere sein. Niemand sollte sich also davon abhalten lassen, bei mentalen Belastungen ärztliche Hilfe zu suchen. Dr. Klaus Schröer vom Bundesvorstand des BVÖGD, dem Bundesverband der Ärztinnen und Ärzte des Öffentlichen Gesundheitsdienstes e. V., sagte gegenüber dem Online-Magazin *LTO* im Interview zu diesem Thema 2022 Folgendes: „Eine Psychotherapie wird in der Regel von einer Krankenkasse bezahlt, wenn eine gesundheitliche Störung oder Grunderkrankung vorliegt, die mit dieser Therapie wesentlich gebessert oder geheilt werden kann. Mit der Angabe, eine Psychotherapie zu machen oder gemacht zu haben, kann also eine Verbeamtung nicht abgelehnt werden, da damit noch keine Rückschlüsse auf die Störung oder Erkrankung gemacht werden können."[8]

Anders sieht es jedoch bei schweren psychischen Grunderkrankungen aus. Diagnostizierte Depressionen, Bipolarität, Schizophrenie etc. sind verständlicherweise ein Ausschlusskriterium für die Verbeamtung, ebenso wie es eine körperliche Erkrankung wie Multiple Sklerose ist. Die gesellschaftliche Betrachtung psychischer Leiden ist ebenso im Wandel wie die juristische. Sollte eine Verbeamtung mit dem Argument einer psychischen Erkrankung abgelehnt werden, bestehen mittlerweile gute Chancen, dagegen rechtlich vorzugehen. Und: Ein psychisches Leiden, das erst nach Ablauf der Probezeit festgestellt wird, kann sich nicht mehr auf die Verbeamtung auf Lebenszeit auswirken. So zumindest entschied das Verwaltungsgericht Köln 2015, als ein Feuerwehrbeamter noch in der dreijährigen Probezeit aufgrund psychischer Erkrankung vorübergehend dienstunfähig wurde. Sein Dienstherr versäumte es jedoch, festzulegen, ob der Beamte auf Probe den gesundheitlichen Voraussetzungen noch entsprach beziehungsweise welche das genau waren. Der Dienstherr verließ sich anscheinend darauf, dass der zuständige Amtsarzt das schon regeln und sich zur Eignung des Betroffenen äußern würde. Es ist jedoch Aufgabe des Dienstherrn, die Anforderungen festzulegen. Das Gericht entschied daher: Da diese Feststellung erst nach dem Ende der Bewährungszeit getroffen wurde, ist sie – selbst ihre Richtigkeit unterstellt – nicht von Relevanz.[9]

Ein weiterer wichtiger Punkt ist: Es obliegt nicht den Amtsärzten, die psychische Gesundheit zu begutachten. Dies müssen sie den psychologischen Gutachtern überlassen. Das Verwaltungsgericht Köln zweifelte im genannten Fall nämlich auch die Sachkunde der entscheidenden Amtsärztin an.

Letztlich wurde der Feuerwehranwärter auch auf Lebenszeit verbeamtet. Das Urteil zeigt also: Es kann durchaus erfolgreich sein, gegen eine Ablehnung vorzugehen und auch eine psychische Erkrankung steht einer Verbeamtung auf Lebenszeit nicht zwangsläufig im Wege.

Exkurs: Das Allgemeine Gleichbehandlungsgesetz

Das Allgemeine Gleichbehandlungsgesetz (kurz: AGG) findet gemäß § 24 AGG auch auf Beschäftigte im öffentlichen Dienst Anwendung. Allerdings kann das AGG die hohen Hürden, die an Beamte gestellt werden, nicht vollständig aushebeln. Dennoch kann nicht jede Beeinträchtigung als Grund genommen werden, ansonsten geeignete Bewerber von einer Tätigkeit im öffentlichen Dienst auszuschließen. Das AGG verbietet Benachteiligungen aus Gründen der Rasse oder wegen der ethnischen Herkunft, des Geschlechts, der Religion oder Weltanschauung, einer Behinderung, des Alters oder der sexuellen Identität. Eine HIV-Infektion stellt eine Behinderung dar und darf folglich nicht als Ablehnungsgrund für die Bewerbung im öffentlichen Dienst herangezogen werden.

Das entschied 2022 auch das Verwaltungsgericht Berlin, als es über die Klage eines jungen Mannes entschied, der bei der Feuerwehr tätig werden wollte. Er hatte kurz zuvor erfahren, dass er HIV-positiv war.

Dennoch bewarb er sich für die Beamtenlaufbahn beim feuerwehrtechnischen Dienst im Land Berlin. Das Land lehnte die Bewerbung mit der Begründung ab, der Mann sei aufgrund seines positiven HIV-Status untauglich für den Dienst. Er klagte dagegen und bekam Recht. Das Gericht sprach ihm einen Entschädigungsanspruch in Höhe von 2.500 Euro zu. Der Mann sei diskriminiert und benachteiligt worden. Es sei mittlerweile anerkannt, dass das Infektionsrisiko bei Durchführung einer Therapie ausgeschlossen werden könne, daher könne auch ein HIV-positiver Bewerber verbeamtet werden.[10]

Ernennung in das Beamtenverhältnis

Was heißt Ernennung? Muss ich auswendig gelernte Gesetze aufsagen oder auf die Bibel schwören? Wieso wird man denn immer wieder ernannt?

Die Ernennung ist ein formeller Akt und umfasst nicht nur die erstmalige Begründung des Beamtenverhältnisses, sondern auch jede danach folgende Änderung. Daher kannst Du mehrmals in Deiner Beamtenlaufbahn „ernannt" werden. Geregelt ist das im Bundesbeamtengesetz in § 10, im Beamtenstatusgesetz in § 8. Dort sind die vier Fälle der Ernennung aufgelistet. Die erste Ernennung ist die Berufung in das Beamtenverhältnis auf Probe, danach folgt die Umwandlung in das Beamtenverhältnis auf Lebenszeit, darauf folgt die Beförderung und schließlich gibt es noch den Wechsel in eine höhere Laufbahngruppe. Förmlich handelt es sich bei der Ernennung um einen Verwaltungsakt, der gewisse Voraussetzungen erfüllen muss, sonst kann die Ernennung fehlerhaft und damit unwirksam sein.[11]

Wie läuft die Ernennung konkret ab? Im Grunde ist es ganz einfach. Du bekommst eine Urkunde ausgehändigt, auf welcher genau verzeichnet ist, in welches Beamtenverhältnis, für wen und mit welchem Datum Du berufen wirst. Ein Beispiel: Du hast erfolgreich das Bewerbungsverfahren um die Stelle des Kreissekretäranwärters durchlaufen. Der Landrat wird Dir zu Beginn der Ausbildung die Ernennungsurkunde aushändigen und Dich in das Beamtenverhältnis auf Widerruf berufen. Mit der Aushändigung wirst Du Deinen Diensteid aufsagen, nach der Aushändigung musst Du die Urkunde unterzeichnen. Den Diensteid spricht Dir Dein Vorgesetzter vor, so dass Du nichts auswendig lernen und ihn nur nachsprechen musst. Der Zusatz „So wahr mir Gott helfe" ist übrigens freiwillig. Der Diensteid steht in § 64 BBG, § 38 BeamtStG und lautet: „Ich schwöre, das Grundgesetz und alle in der Bundesrepublik Deutschland geltenden Gesetze zu wahren und meine Amtspflichten gewissenhaft zu erfüllen, so wahr mir Gott helfe."

Das Ganze kann je nach Dienststelle mehr oder weniger feierlich ausgestaltet sein. Manchmal stößt die Belegschaft danach mit Sekt an, alle gratulieren Dir und jeder geht wieder an seinen Arbeitsplatz. In jedem Fall solltest Du am Tag Deiner Ernennung nicht im „casual look" zum Dienst erscheinen, da die Ernennung ein besonderer Akt ist und die entsprechende Wertschätzung erfahren sollte. Kuchen mitzubringen ist sicherlich keine schlechte Idee.

Die Pflichten von Beamten

Beamtinnen und Beamte dienen dem ganzen Volk, nicht einer Partei. Sie haben ihre Aufgaben unparteiisch und gerecht zu erfüllen und ihr Amt zum Wohl der Allgemeinheit zu führen. Beamtinnen und Beamte müssen sich durch ihr gesamtes Verhalten zu der freiheitlichen demokratischen Grundordnung im Sinne des Grundgesetzes bekennen und für deren Erhaltung eintreten.
§ 60 BBG

Als Staatsdiener ergeben sich nicht nur Vorteile und Rechte, sondern an erster Stelle bestimmte Pflichten. Beamte dürfen nicht Mitglieder in extremistischen Vereinigungen sein, sie dürfen nicht streiken, sie dürfen nicht mit der Presse über den Dienst plaudern. Das ist klar, im Detail reichen die Pflichten von Beamten jedoch wesentlich weiter. Der Staat schränkt die persönlichen Freiheiten der Beamten nämlich ein Stück weiter ein, als es ein Chef im Betrieb könnte. Dennoch trägt man für sein Handeln stets die volle Verantwortung, auch das ist im Gesetz geregelt, und zwar in § 63 Abs. 1 BBG für Bundesbeamte und § 36 Abs. 1 BeamtStG für Landesbeamte. Diesen Pflichten und Verantwortungen unterliegen nur Beamte. Sie sind zum Beispiel ein Grund, weswegen manche einen Beruf in der freien Wirtschaft bevorzugen. Die Grundpflichten seiner Staatsdiener nennt der Staat im Bundesbeamtengesetz/Beamtenstatusgesetz und Grundgesetz (in den §§ 60 ff. BBG/§§ 33 ff. BeamtStG und Art. 33 Abs. 5 GG). Präzisiert werden diese dann von weiteren Gesetzen, Verordnungen und Vorschriften. Sonst wäre es ja auch zu einfach! Am Ende ergibt sich je nach Dienstherr und Bundesland also wieder ein Flickenteppich an Vorschriften. Daher schauen wir uns im nächsten Abschnitt nur die wesentlichen Grundpflichten an, die sowohl für alle Landesbeamten als auch für die Bundesbeamten gelten.

Die Dienstleistungspflicht

Erste und oberste Pflicht des Beamten ist – wie auch für jeden normalen Arbeitnehmer – die Pflicht, seinen Dienst zu erfüllen. Auch hier geht der gesetzliche Wunsch nicht immer mit der Realität Hand in Hand. Das Bundesbeamtengesetz stellt sich jedenfalls den Idealbeamten als eine Person voller Taten- und Wissendrang vor, welche sich stets darum bemüht, effizienter zu arbeiten, sich stetig weiterzubilden und zu verbessern und mit glühender Leidenschaft jeden Morgen den Dienst antritt. In § 57 Landesbeamtengesetz Nordrhein-Westfalen heißt es zum Beispiel: „Der Beamte hat sich mit voller Hingabe seinem Beruf zu widmen."

Unpünktlichkeit, Versäumen von Terminen und Fristen, am Handy spielen während der Dienstzeit – nein, so etwas kennt ein Beamter nicht. Gemessen an den häufigen und ausgiebigen Raucher- und Kaffeepausen, die täglich in allen deutschen Behörden stattfinden, lässt sich aber feststellen: Auch Beamte sind nur Menschen und keine perfekten Arbeitsmaschinen. Im Gegensatz zum Arbeitnehmer unterliegen Beamte jedoch einer ausdrücklich normierten Pflicht zur Gesunderhaltung, Fortbildung und einem Streikverbot, um in jedem Fall einen Dienstausfall zu vermeiden. Bedeutet es, dass Coca-Cola, Abfahrtsski und McDonalds-Besuche für Staatsdiener tabu sind?

Pflicht zur Gesunderhaltung

Nein, ganz so streng ist der Staat nun doch nicht. Andernfalls wären die besagten Raucherpausen nicht möglich und auch die klassischen Rückenschmerzen, die ein Büroalltag leider mit sich bringt, würde es nicht geben. Aus der Pflicht, sich voll dem Dienst zu widmen, folgt jedoch eine Verpflichtung, alles zu unterlassen, was die dienstliche Leistungsfähigkeit beeinträchtigen könnte. Hierunter fallen jedoch keine Fast-Food-Eskapaden oder die Leidenschaft zu Extremsportarten. Nur vorsätzliches und unvernünftiges Handeln, das der Gesundheit schadet, stellt einen Pflichtverstoß dar. Das sind zum Beispiel Drogenkonsum und das Missachten von ärztlichen Anordnungen. Wer trotz Laktoseintoleranz also schnell noch ein Glas Milch trinkt, um der langweiligen Konferenz zu entgehen, handelt pflichtwidrig.

Streikverbot

Das Streikverbot ist für viele Beamte nicht immer leicht nachzuvollziehen und stellt für sie zuweilen eine echte Beeinträchtigung ihrer Grundrechte dar. Erst im Jahr 2018 klagten Lehrkräfte vor dem Bundesverfassungsgericht gegen das Streikverbot und auch im Jahr 2022 kam es zu umfassenden Lehrerstreiks. Das Streikverbot steht nicht explizit im Gesetz, wird aber von den Gerichten aus der Dienstleistungspflicht abgeleitet. Warum ist das so? Dürfen Polizisten nicht auch mal für bessere Arbeitsbedingungen auf die Straße gehen? Es klingt ein bisschen unfair, dass Piloten, Ärzte und die Müllabfuhr die Arbeit niederlegen dürfen, Polizisten aber nicht. Sind dies nicht alles Berufe, auf die sich der Bürger stets verlassen können muss? Der Bürger darf sich eben nur auf seinen Staat verlassen. Deswegen dürfen Staatsdiener nicht einfach die Arbeit niederlegen, wie es alle anderen Angestellten durchaus beim Streiken können.

Exkurs: Lehrer

Lehrer sind nicht in jedem Bundesland verbeamtet. Hieraus ergibt sich die Konstellation, dass manche Lehrer streiken dürfen, andere aber nicht. Das Bundesverfassungsgericht hat 2018 nochmals ausdrücklich klargestellt, dass verbeamtete Lehrer dem Streikverbot unterliegen. Die

Gewerkschaft Erziehung und Wissenschaft (kurz: GEW), die sich für das Arbeitsrecht von Lehrern einsetzt, findet das zwar rechtswidrig, rät den verbeamteten Lehrern aber dennoch ausdrücklich von der Teilnahme am Streik ab.[12] Daher unterstütze die GEW 2018 auch vier verbeamtete Lehrer, um die Frage höchstrichterlich entscheiden zu lassen. Die Lehrer klagten sich durch alle Instanzen, um ihr Streikrecht einzufordern und erhielten eine klare Absage. Die Süddeutsche Zeitung kommentierte die Gerichtsentscheidung treffend: „Sie wollten aus beiden Welten das Beste. Die vier Lehrer, die sich durch alle Instanzen geklagt haben, wollten den Staat als Super-Nanny: Egal, was mit mir ist, du sorgst für mich. Aber sie wollten ihrem Nanny-Staat auch Druck machen können: Gibst du mir nicht, was ich will, werd' ich dir untreu."[13] Das ist auf den Punkt gebracht. Sich absolute Absicherung und berufliche Sicherheit wünschen und gleichzeitig mit der Niederlegung der Arbeit drohen, funktioniert eben nicht.

Pflicht zum vollen persönlichen Einsatz

Hingebungsvoll soll der Staatsdiener sein letztes Hemd für den Dienstherrn geben – so zumindest die Wunschvorstellung. In der Praxis bedeutet das vor allem: keine privaten Vergnügungen während der Arbeitszeit. Das heißt, das Googeln nach den schönsten All-inclusive-Hotels für den nächsten Sommerurlaub darf nicht im Büro erledigt werden. Privates Surfen im Internet, Verschicken privater E-Mails, private Überweisungen und Telefonanrufe etc. sind während der Arbeitszeit ausdrücklich nicht erlaubt! Ob der dienstliche PC auch privat genutzt werden darf (z. B. im Homeoffice oder während der Pause), legen innerdienstliche Anweisungen fest. Dies kann also von Dienststelle zu Dienststelle unterschiedlich sein.

Zum vollen Einsatz zählt schließlich auch, an Fortbildungsmaßnahmen teilzunehmen. Im Rahmen Deiner Dienstleistungspflicht kannst Du daher Fortbildungen oder Trainingsmaßnahmen nicht verweigern. Insbesondere, wenn eine Beförderung ansteht, obliegt es dem Beamten, sich mit einschlägigen Vorschriften und Anforderungen an die Stelle vertraut zu machen.

Die Dienstleistungspflicht kann auch so weit gehen, dass Du verpflichtet bist, eine Nebentätigkeit im öffentlichen Dienst anzunehmen.

Diese Tätigkeit darf natürlich nicht völlig konträr zu Deiner Haupttätigkeit und Deinem Laufbahnprofil stehen und solltest Du mit der Übernahme nicht einverstanden sein, steht Dir gegen die Übertragung einer solchen Aufgabe der Rechtsweg offen. Das heißt, Du kannst Widerspruch einlegen und dagegen klagen.

Die Treuepflicht

Treuepflichten finden sich in jedem Arbeitsverhältnis. Auch in der freien Wirtschaft darf der Arbeitnehmer nicht heimlich für ein gegnerisches Unternehmen arbeiten oder Betriebsgeheimnisse ausplaudern. Im öffentlichen Dienst ist die Treuepflicht das zentrale Merkmal, sie leitet sich aus dem Grundgesetz ab und gilt als absolute Kernpflicht, aus der sich weitere Pflichten ableiten.[14] Hier schlägt sich wieder die preußische Disziplin- und Werteordnung nieder. Der Staatsdiener hat seinem Staat treu ergeben zu sein. Das mag veraltet klingen, ist aber tatsächlich heute noch so. Daher gibt es auch keine genaue Definition der „Treuepflicht". Vielmehr kann der Dienstherr im konkreten Einzelfall bewerten, ob ein Verhalten seines Beamten unangemessen und pflichtwidrig erscheint. Dies darf natürlich nicht völlig ausufern. Daher kann man sagen: Im Wesentlichen bedeutet Treuepflicht politische Treue, die Pflicht zu vertrauenswürdigem Verhalten, die Verpflichtung zum vollen Einsatz für den Beruf, die Pflicht, Schaden vom Dienstherrn abzuwehren und die Pflicht zur Offenheit und Wahrhaftigkeit. Unter all diesen Begriffen kannst Du Dir wahrscheinlich nichts Konkretes vorstellen.

In den letzten Jahren ist vor allem die politische Treuepflicht in den Fokus gerückt. Wer hätte annehmen können, dass bunte Bilder auf der Haut für solch ein Aufsehen sorgen könnten? Heute geben tätowierte Polizisten und auch Soldaten jedoch immer wieder Anlass zur Überprüfung ihrer demokratischen Einstellung, wie folgendes Beispiel zeigt:

Fallbeispiel: Polizisten und Tattoos

Tattoos wurden in der Rechtsprechung bis vor einigen Jahren noch heiß diskutiert. Dürfen Polizisten sichtbare Tattoos tragen? Dürfen sie Dreadlocks haben oder sich die Haare blau färben? Als Staatsdiener vertritt man den Staat und muss dementsprechend auf ein gepflegtes Erscheinungsbild achten. Es obliegt dem Dienstherrn zu definieren, wann eine Erscheinung gepflegt ist. Je nach Art des Dienstverhältnisses können die Maßstäbe unterschiedlich sein. In NRW fand ein junger Mann, ein Totenkopf auf dem Oberarm sei ein hübsches Tattoo. Als er sich damit aber für die Polizeiausbildung bewarb, wurde er abgelehnt. Die Begründung: Das Tattoo lege eine Gewaltverherrlichung nahe, hierauf deuteten die besonders überdimensionalen und furchteinflößenden Zähne im Totenschädel hin. Mit einem gerichtlichen Eilantrag erwirkte der junge Mann dann doch noch die Einstellung in den Polizeivollzugsdienst. Dem Gericht erläuterte er das Gesamtkunstwerk auf seinem Arm wie folgt: Neben dem Totenkopf waren auf seinem Arm auch ein Engel und eine Sanduhr abgebildet, die für Liebe und Lebenszeit stünden. Das Gericht gab ihm Recht, so schnell dürfe der Dienstherr nicht auf eine Gewaltverherrlichung schließen. Entscheidend dürfte jedoch vor allem gewesen sein, dass sich das Tattoo unter der Kleidung verbergen ließ.[15]

Je nach Bundesland gelten für das äußere Erscheinungsbild der Polizisten mittlerweile unterschiedlich strenge Ansichten. In Bayern sind äußerlich erkennbare Tattoos nach wie vor verboten. Diese strenge Regelung wurde vom Bundesverwaltungsgericht bestätigt, als ein Polizeikommissar hiergegen geklagt hatte. Der romantische Beamte wollte sich nach den Flitterwochen auf Hawaii unbedingt den Gruß „Aloha" gut sichtbar tätowieren lassen, scheiterte jedoch damit. In Berlin sind hingegen auch sichtbare Tattoos erlaubt.

Politische Treuepflicht

Dass Beamte keine „normalen Angestellten" sind, zeigt sich vor allem in der politischen Treuepflicht. Während der normale Angestellte friedlich seinem politischen oder unpolitischen Leben frönen darf und sich dabei lediglich an die geltenden Gesetze halten muss, gehen die Pflichten eines Beamten darüber hinaus. Der Beamte muss sich zum Staat und der Verfassung bekennen und sie aktiv unterstützen. Der Angestellte darf den Staat ablehnen und sich „Fuck the System"-Aufkleber ans Auto heften. Beamte müssen sich durch ihr gesamtes Verhalten zur freiheitlich demokratischen Grundordnung bekennen, und zwar auch außerhalb des Dienstes. Der Polizist kann nach Dienstschluss also nicht zum linken Wagenbauprojekt marschieren und Häuser besetzen. In letzter Zeit gab und gibt es rund um diese Pflicht immer wieder Rechtsstreitigkeiten, da ihre Grenzen nicht genau definiert sind. Es stellt sich zum Beispiel die Frage: Ist ein Beamter, der nach außen die AFD (Alternative für Deutschland) unterstützt, bereits als Beamter ungeeignet? Forderungen in diese Richtung gibt es tatsächlich. Das Bundesinnenministerium legte 2020 aber fest: Allein die Mitgliedschaft in einer Partei, die vom Verfassungsschutz als Verdachtsfall eingestuft wurde, führt nicht zu beamtenrechtlichen Konsequenzen. Beamten, die AFD-Mitglied sind oder die AFD unterstützen, sei dennoch geraten, sich von extremistischen Ausprägungen explizit zu distanzieren. Dennoch kann keine „Sippenhaft" gelten, wenn sich andere Mitglieder der Partei rassistisch oder extremistisch äußern.

Neutralitätspflicht

Beamte müssen sich politisch neutral verhalten. Das bedeutet, sie sollen in ihrer Stellung als Beamte weder eine politische Partei noch andere Gruppierungen (Vereine, Unternehmen, Konfessionen) aktiv unterstützen. Als Beamter bist Du dem Gemeinwohl verpflichtet. Dein Dienst soll dem gesamten Volk und nicht nur einem Teil davon dienen. Das Idealbild eines tugendhaften Beamten ist eine neutrale und rein von Sachlichkeit geleitete Person. Schließlich soll der Bürger das Gefühl haben, dass der Staat ihm völlig unvoreingenommen begegnet. Natürlich wird dieses Bild der Realität kaum gerecht, wie soll das auch gehen? Spätestens bei politischen Wahlen muss sich auch ein Beamter für eine Partei entscheiden. Die Neutralitätspflicht ist also begrenzt und gilt vor allem im Dienst. Als verbeamtete Person darf man Mitglied in einer Partei sein. Wenn man im Dienst ist, hat man sich als Beamter aber zurückzuhalten und seine politischen Ambitionen zu begrenzen. Das heißt konkret: Als Beamter solltest Du keine „Atomkraft, nein danke!/ Refugees welcome"-Aufkleber auf dem Dienstrechner anbringen, zu Hause am Kühlschrank kannst Du das gerne tun. Zu Diskussionen führte hier immer wieder das Tragen eines Kopftuchs und das Verhältnis von Beamten und Religion. Die Religionsfreiheit ist ein ebenso hohes Gut in der deutschen Verfassung. Inwieweit lässt sie sich aber mit der gebotenen Neutralität vereinbaren?

Exkurs: Das Kopftuch im öffentlichen Dienst

Am 7. Mai 2021 stimmte der Bundesrat dem „Gesetz zur Regelung des Erscheinungsbildes von Beamtinnen und Beamten sowie zur Änderung weiterer dienstrechtlicher Vorschriften" zu. Mit diesem Gesetz kann der Dienstherr nun sichtbare Tätowierungen und Schmuck verbieten sowie Regelungen zu Haar- und Barttracht festlegen. Wörtlich heißt es in § 61 BBG/§ 34 II BeamtStG: *„Beamtinnen und Beamte haben bei Ausübung des Dienstes oder bei einer Tätigkeit mit unmittelbarem Dienstbezug auch hinsichtlich ihres Erscheinungsbilds Rücksicht auf das ihrem Amt entgegengebrachte Vertrauen zu nehmen. Insbesondere das Tragen von bestimmten Kleidungsstücken, Schmuck, Symbolen und Tätowierungen im sichtbaren Bereich sowie die Art der Haar- und Barttracht können von der obersten Dienstbehörde eingeschränkt oder untersagt werden."*

Dem vorangegangen war eine endlose Anzahl an Klagen über Tätowierungen, lange Haare oder eben das Kopftuch. Schließlich entschied das Bundesverwaltungsgericht, der Gesetzgeber müsse eine entsprechende Regelung schaffen.[16] Dies geschah also im Jahr 2021. Seitdem kann der Dienstherr auch das Kopftuch untersagen. Die Meinungen hierzu gehen stark auseinander. Klar ist: Damit wird in die grundgesetzlich garantierte Religionsfreiheit der Beamten (und vor allem Beamtinnen) eingegriffen. Klar ist aber auch: Die Neutralitätspflicht der Beamten sollte an erster Stelle stehen. Frankreich ist da seit Jahren sehr streng: Religion und Staat sind strikt zu trennen. Weder Kopftuch, Kippa noch Kreuz haben etwas im Öffentlichen Dienst verloren. Ganz anders da Schottland: Dort dürfen Polizistinnen seit 2016 den Hijab tragen.[17] Letztlich ist es auch hier eine Abwägung, die jeder, der sich für das Beamtendasein entscheidet, mit sich selbst ausmachen muss: Stelle ich die Belange und Regeln meines Staates an die oberste Stelle oder meine persönlichen?

Mäßigungs- und Zurückhaltungsgebot

Wenn Du jetzt das Gefühl hast, als Beamter darfst Du Dich niemals politisch betätigen, dann sei hiermit Entwarnung gegeben. Auch Du darfst Dich politisch engagieren, Parteien und Vereinen beitreten oder am Wochenende gegen den Klimawandel protestieren. Dies sind schließlich Deine Grundrechte. Sie können dir nicht genommen werden. In deiner Freizeit unterliegst Du dann jedoch dem Mäßigungsgebot. Hierunter fällt auch das Grundrecht der Meinungsfreiheit. Solltest Du politisch Deine Meinung zu einem Thema äußern, sei es in Vorträgen, öffentlichen Diskussionen, in sozialen Medien etc., so beachte stets, sachlich zu bleiben. Im rein privaten Bereich dürfen sich auch Beamte auslassen. Das war nicht immer so. Bis vor einigen Jahren galt der Beamte noch als „Vorbildbürger“, dem es an Moral und Anstand nie mangeln sollte. Heute ist es gängige Ansicht, dass auch Beamte normale Menschen sind, die sich genauso mal danebenbenehmen. Eine Einschränkung gilt jedoch: Wenn beim rüpelhaften Verhalten im Privaten ein dienstlicher Bezug hergestellt wird, kann sich dies auch auf das Dienstverhältnis auswirken. Was damit gemeint ist, zeigt der folgende Fall ganz anschaulich.

Fallbeispiel: Der Chat des Zollbeamten wird geleakt

Ein bisschen wie ein Spionage-Krimi liest sich der Fall eines mittlerweile pensionierten Zollbeamten des Bundes. Der Zollobersekretär äußerte sich über die Plattform WhatsApp in einem privaten Gruppenchat namens „AfD Sachsen“. Dort schimpfte er wiederholt über Medien und Politik und schrieb unter anderem: *„Wir müssen die Medien unterwandern, sonst wird es ganz schwer. Mit der Machtübernahme muss ein Gremium alle Journalisten und Redakteure überprüfen und sieben. Chefs sofort entlassen, volksfeindliche Medien verbieten. Ich Finanzministerium, du Innenministerium.“* Einem befreundeten Bundespolizisten legte er im Chat zudem offen, dass er im Rahmen seiner dienstlichen Tätigkeit zur Finanzkontrolle Schwarzarbeit gehöre und sich seine Dienststelle in Dessau-Roßlau befände. Kurz darauf tauchten Screenshots dieser Unterhaltungen auf der Plattform www.linksunten.intermedya.org auf und der Dienstherr bekam Wind davon. Natürlich war er nicht begeistert und verhängte eine Disziplinarmaßnahme in Form einer Geldbuße. Der Zollbeamte tobte, reichte Widerspruch und schließlich sogar Klage ein und beteuerte seine Unschuld. Er meinte, es sei ja wohl unzulässig, dass seine privaten Chats plötzlich im Internet auftauchten. So etwas könne gar nicht verwertet werden! Das Gericht sah das anders. Ein Beweisverwertungsverbot kommt hier nicht in Betracht, denn was Private veröffentlichen, darf verwertet werden. Inwieweit das kritisch zu sehen ist, damit soll sich an dieser Stelle nicht weiter befasst werden. Fakt ist: Wenn Beamte in ihrem Privatleben etwas Kritisches äußern, das sodann an die Öffentlichkeit dringt, kann es gegen sie verwendet werden! Dies hätte auch gegolten, wenn dem Kläger das Handy entwendet worden wäre. Denn das Gericht stellte klar: Rechtswidriges Verhalten von Privaten führt zu keinem Verwertungsverbot. Da vorliegend ein klarer Dienstbezug zu erkennen gewesen sei, müsse sich der Beamte auch mit der Disziplinarbuße abfinden. Den klaren Dienstbezug hat der Zollbeamte übrigens selbst hergestellt, indem er seine Dienststelle und seine konkrete Tätigkeit offengelegt hat. Der Fall wäre sonst vielleicht anders ausgegangen. Also: Wer über die Politik und Medien schimpfen will, kann das nur tun, solange er sich dabei nicht auf sein Amt beruft.[18]

Pflicht zu vertrauenswürdigem Verhalten

Das Verhalten innerhalb und außerhalb des Dienstes muss der Achtung und dem Vertrauen gerecht werden, die der Beruf erfordert – so steht es wortwörtlich im Gesetz in § 61 BBG. Doch was bedeutet das konkret? Und wie weit reicht diese Pflicht im außerdienstlichen Bereich? Dürfen sich Beamte nie betrinken und auf dem Tisch tanzen oder im Büro mal fluchen, wenn es ein richtig schlechter Arbeitstag war?

Ganz so streng ist der Staat nicht. Innerhalb des Dienstes soll der Beamte stets tadellos auftreten. Das ist das Idealbild. In der Realität gibt es auch in deutschen Behörden brüllende Chefs, zickige Mitarbeiter, Getuschel, Getratsche und Gepiesacke unter Kollegen. Der Mensch ist nun mal menschlich und daran ändert auch die Krone des Beamtentums nichts. Das Gesetz geht jedoch von einem rechtschaffenen und immerzu höflichen Staatsdiener aus, der sich auch in Konflikten sachlich und zurückhaltend äußert. Und dies solltest Du zumindest im Hinterkopf behalten.

Außerdienstlich darf der Staat nur so weit in das Privatleben eingreifen, wie es tatsächlich erforderlich ist, um dem Ansehen des Beamtentums nicht zu schaden. Hiermit sind schon schwere Fälle von Fehlverhalten im Privatleben, wie zum Beispiel das Begehen von Straftaten, gemeint. Wer daheim seinen Partner betrügt und in flagranti erwischt wird, muss also nicht mit der Entfernung aus dem Dienst rechnen, nur weil es auch die Nachbarn mitbekommen haben. Beamte müssen sich also vor allem im Einklang mit dem Gesetz verhalten, was logisch ist. Steuerhinterziehung, Trunkenheit am Steuer, Sexualstraftaten – wer sich so etwas zu Schulden hat kommen lassen, muss mit der Entfernung aus dem Dienst rechnen. Die Schwelle ist hier zum Glück gesunken. War bis vor einigen Jahren ein Klaps auf den Po der Kollegin vielleicht noch ein schlechter Männerscherz, werden Beamte heute auch wegen sexueller Belästigung aus dem Dienst entfernt. So zum Beispiel in Nordrhein-Westfalen. Dort wurde 2021 ein Beamter auf Probe entlassen, der seine Kollegin im Zollamt sexuell belästigt hatte. Er hatte ihr nicht nur seine sexuellen Vorlieben geschildert, sondern sie auch mehrfach berührt. Mit der sofortigen Entlassung wollte er sich aber nicht zufriedengeben und klagte dagegen bis vor das Oberverwaltungsgericht. Das Gericht gab jedoch dem Dienstherrn recht: Wer sich so verhält, missachtet die ihm obliegende Wohlverhaltenspflicht und fliegt raus.[19]

Pralinen sind doch nur ein kleines Dankeschön – wo beginnt die Korruption im Dienst?

Ebenfalls zur Pflicht zu achtungs- und vertrauenswürdigem Verhalten zählt das Verbot, Geschenke anzunehmen. Wer sich als Dankeschön für die Bewilligung eines Bauvorhabens zwei Tickets für das nächste Fußballspiel schenken lässt, verstößt nicht nur gegen seine Pflichten im Dienst, sondern begeht auch eine Straftat. Die Vorschriften des Strafgesetzbuches sind hier sehr streng. Der Staat will damit verhindern, dass sich Beamte bei der Ausführung ihrer Diensthandlungen von unsachlichen Gesichtspunkten leiten lassen. Wer den Bauantrag genehmigt, weil er dafür eine Rolex bekommt, handelt klar korrupt. Aber wenn Tante Erna einen selbstgebackenen Kuchen auf der Feuerwehrwache vorbeibringt, weil ihre Katze gestern vom Baum gerettet wurde – müssen die Feuerwehrleute Erna samt Kuchen dann abweisen? Nein, ganz so eisern ist der Staat dann doch nicht. Kleine Zuwendungen sind erlaubt, manche Bundesländer ziehen die Grenze bei Geschenken im Wert von 10 Euro, andere bei 25 Euro. Im Zweifel sollte man die Genehmigung des Dienstherrn erfragen. Tante Ernas Kuchen gilt jedoch als stillschweigend genehmigt.

Fallbeispiel: Frankfurter Mafiaverhältnisse

Dass auch in Deutschland Korruption und Vetternwirtschaft existiert, ist kein Geheimnis. Trotzdem ist es umso aufsehenerregender, wenn ausgerechnet diejenigen, die derartiges bekämpfen sollen, Teil davon werden. In Frankfurt wurde 2023 ein Oberstaatsanwalt wegen Bestechlichkeit angeklagt. Das Brisante: Der Mann ermittelte als Staatsanwalt selbst in Sachen Wirtschaftskriminalität. Er saß quasi an der Quelle der guten Beziehungen. So vergab er jahrelang Gutachten für die Justiz an Unternehmen und erhielt hierfür als Gegenleistung Zahlungen. Insgesamt sollen über eine Million Euro an Bestechungsgeldern geflossen sein. Der 55-Jährige hat das jedoch nicht im Alleingang bewerkstelligt. Zwei weitere Staatsanwälte wurden suspendiert, gegen zwei Justizbeamte wurde ebenfalls ermittelt.[20]

Weitere Pflichten bei der Amtsausübung

Allein über die Rechte und Pflichten eines Beamten ließe sich ein Buch schreiben. So sehr ins Detail wollen wir daher nicht gehen. Die unzähligen Gerichtsentscheidungen verdeutlichen nur: So richtig klar ist sowieso nicht alles. Die folgenden Pflichten seien daher zusammengefasst, aber sollten dennoch gekannt werden. Besonders die Remonstrationspflicht ist vielen Beamten nämlich nicht bekannt. Zunächst sei die Folgepflicht genannt, diese gilt im Grunde in jedem Dienst- und Arbeitsverhältnis. Was der Chef sagt, wird gemacht. Beamte sind gesetzlich verpflichtet, den Anordnungen ihrer Vorgesetzten Folge zu leisten. Ich erinnere mich gut an mein erstes halbes Jahr im Büro, in dem ich eines schönen Tages beschloss, von der formellen Routine der Dienststelle abzuweichen und etwas kreativ zu werden. Prompt wurde ich ins Büro meines Vorgesetzten zitiert und darüber belehrt, wie ich meine Arbeit auszuführen habe. Dennoch sind wir als Beamte keine Roboter, die stur jede Anweisung befolgen müssen. Auch das Gesetz traut uns durchaus eigenständiges Denken zu, ja, es verpflichtet uns sogar dazu! Im Bundesbeamtengesetz ist festgelegt, dass der Beamte seinen Vorgesetzten auch zu beraten und zu unterstützen hat. Verbesserungsvorschläge können und sollen gern angebracht, nur eben nicht eigenmächtig umgesetzt werden.

Erwähnt werden sollte an dieser Stelle auch die Verschwiegenheitspflicht. Diese gilt auch nach Beendigung eines Beamtenverhältnisses fort. Tatsachen und Informationen, die dem Beamten innerhalb seines Dienstes bekannt geworden sind, dürfen nicht verbreitet werden.

Recht und Pflicht – die Remonstrationspflicht

Als Beamter bist Du weisungsgebunden. Das bedeutet: Du tust das, was Dir aufgetragen wird. Das Weisungsrecht Deines Dienstherrn endet aber dort, wo er etwas rechtswidriges von Dir verlangt. Dir obliegt es daher stets zu überprüfen, ob das, was du tust, rechtmäßig ist. Auch Vorgesetzte machen Fehler und letztlich trägst Du für Dein Handeln die alleinige Verantwortung. Wenn Du Bedenken bezüglich der Rechtmäßigkeit einer dienstlichen Anordnung hast, musst Du zu Deinem direkten Vorgesetzten gehen und deine Bedenken mitteilen. Wenn das erfolglos bleibt und Deine Bedenken nicht ausgeräumt sind, musst Du zum nächsthöheren Vorgesetzten gehen und Deine Bedenken besprechen. Diese Pflicht nennt sich Remonstrationspflicht.[21] Bestätigt dieser die Anordnung, musst Du sie ausführen, bist aber von Deiner persönlichen Verantwortung befreit. Dass das nicht immer leicht ist, liegt in der Natur der Sache. Schließlich sind es genau diese Vorgesetzten, die Deine Beurteilung schreiben, welche wiederum wichtig für Deine Karriereentwicklung ist. Nichtsdestotrotz dürfen Beamte nicht gegen ihre Remonstrationspflicht verstoßen. Übrigens: Verstößt eine Anordnung offensichtlich gegen geltende Gesetze, darfst Du sie nicht ausführen. Dies wäre zum Beispiel der Fall, wenn ein Lehrer die Anweisung erhält, den Rohrstock wieder einzuführen oder einem Polizisten die Anweisung erteilt wird, einen Demonstranten gewaltvoll niederzuschlagen.

Dienstliche Anordnungen müssen nicht immer rechtmäßig sein. Ein eigenmächtiges Ignorieren von Anordnungen sollte aber vermieden werden. Dazu sei der folgende kuriose Fall aus Trier geschildert.

Fallbeispiel: Im Büro aufs Laufband

Eine Bibliotheksdirektorin dachte sich, dass sie den Büroalltag dringend etwas aktiver gestalten sollte. Das viele Herumsitzen sei einfach nicht gesund. Also wieso nicht einfach ein Laufband und ein Sofa in das Büro stellen? Der Dienstherr war von diesem Einfall wenig angetan und ordnete umgehend die Entfernung von „Sportgeräten" und „Ruhemöbeln" aus dem Dienstzimmer an. In Zeiten stetig steigender Strompreise sei so etwas überhaupt nicht komisch und wer könne denn überprüfen, wann die Direktorin arbeite oder sich erhole? Also: Weg damit. Diese Anordnung wollte die Beamtin aber nicht gelten lassen und klagte daher beim Verwaltungsgericht Trier gegen diese Anordnung. Sie meinte, diese sei rechtswidrig. Ihre Argumentation: Bei den Gegenständen handle es sich um ihr Eigentum, das gehe den Dienstherrn nichts an. Außerdem sei das Laufband Teil eines „dynamischen Arbeitsplatzes" und kein Sportgerät. Die Weisung des Dienstherrn sei daher nicht rechtmäßig und müsse nicht befolgt werden. Die Richter sahen das jedoch anders. Eigenmächtige Maßnahmen darf ein Beamter nämlich nicht ergreifen und dienstliche Anweisungen schon gar nicht ignorieren, nur weil er sie für unrechtmäßig hält. Zu guter Letzt wird jeder Angestellte im öffentlichen Dienst ein Lied davon singen können: Die Brandsicherheit und die erhöhte Unfallgefahr sind der Sargnagel für jede kreative Umgestaltung eines Beamtenbüros.[22]

Grundrechte

Als ob das nicht alles bereits genug Pflichten wären, kommt obendrauf auch noch: Die Grundrechte sind im Beamtenverhältnis nur eingeschränkt ausübbar. Diese Einschränkungen führen immer wieder zu aufsehenerregenden Diskussionen in der Öffentlichkeit. Ob es um tätowierte Polizisten oder die Lehrerin mit Kopftuch geht, ist im Grunde egal – der Staat verbietet ein Verhalten, welches durch die Grundrechte erlaubt wäre. Wie kann das sein?

Auch hier kommt der wechselseitige Charakter von Rechten und Pflichten zum Vorschein. Der Staat kümmert sich gut um seine Diener, daher müssen diese auch so loyal und ergeben sein, dass sie auf die Ausübung bestimmter Rechte verzichten. Denn: Ich darf nicht die Hand beißen, die mich füttert. Und: Ich repräsentiere den Staat, daher muss ich mich ihm gegenüber neutral verhalten.

Allerdings besteht kein Grund zur Panik: Auch Beamte genießen Grundrechtsschutz. Manche dieser Grundrechte sind nur ein kleines bisschen eingeschränkt. Dies ist wiederum abhängig von der Art des Dienstes. Für Polizisten gelten daher andere Einschränkungen als für Lehrkräfte. Welche sind das im Einzelnen? Das schauen wir uns im Folgenden näher an.

Berufsfreiheit: Art. 12 Grundgesetz

Das Nebentätigkeitsrecht wird im Abschnitt „Rechte von Beamten“ behandelt. Hier gilt ein strenger Maßstab. Beamte können nicht jede kreative Idee in die Tat umsetzen. Beamten sind aber auch nicht komplett die Hände gebunden, wenn es darum geht, einen Nebenberuf auszuüben. Wäre das der Fall, wäre dieses Buch nie entstanden.

Natürlich stellen die Vorschriften für Beamte eine Einschränkung ihrer Berufsfreiheit dar, auf die man sich einstellen muss. Bestimmte Tätigkeiten sind mit dem Staatsdienst schlichtweg nicht vereinbar. Ein bekanntes Beispiel aus dem angelsächsischen Raum: Die britische Polizistin Leanne Carr musste laut Bildzeitung nach 16 Jahren ihren Dienst quittieren, um sich in Vollzeit ihrer Leidenschaft der freizügigen Präsentation bei Instagram, Twitch und OnlyFans zu widmen.[23] Beamte als Influencer – das geht ja irgendwie noch durch, aber man stelle sich den Blick des Vorgesetzten vor, wenn im Antrag auf Genehmigung einer Nebentätigkeit „OnlyFans“ und bei Beschreibung der Tätigkeit „Erotische Fotografie“ stünde. Ob das machbar ist, entscheidet natürlich die jeweilige Dienststelle für sich. Meinem Chef würde ich so etwas jedenfalls äußerst ungern vorlegen. Aber: Auch ich kam um ein Schmunzeln nicht herum, als ich einmal den Antrag eines Soldaten auf Ausübung einer Nebentätigkeit im Bereich „Erotikfilm" las. Tagsüber dem Land dienen und nachts der Damenwelt vor der Kamera – was spricht dagegen?

Eingeschränkt ist zudem der Zugang zum öffentlichen Dienst.[24] Er unterliegt, wie im Kapitel Eignung dargestellt, besonderen Anforderungen an die Bewerber (Eignung, Befähigung, fachliche Leistung) und grenzt damit für bestimmte Tätigkeiten gesundheitliche Beeinträchtigungen aus. Auch das stellt eine Einschränkung der Berufsfreiheit dar, ist aber verfassungsrechtlich fest verankert.

Meinungsfreiheit: Art. 5 Abs. 1 Satz 1 Grundgesetz

Auch die Meinungsfreiheit von Beamten wird durch ihre politische Treuepflicht aus Art. 33 Abs. 5 GG eingeschränkt. Das heißt aber keineswegs, dass Beamte keine Meinungsfreiheit genießen. Selbstverständlich dürfen Beamte ihre private Meinung im Grundsatz frei bilden und äußern. Im Grundgesetz ist aber in Art. 5 Abs. 2 GG festgelegt, dass der Meinungsfreiheit durch allgemeine Gesetze Grenzen gesetzt werden können. Solch ein Gesetz ist beispielsweise das Bundesbeamtengesetz bzw. das Beamtenstatusgesetz. Jegliche Meinungen, die Beamte innerhalb des Dienstes äußern, unterliegen gewissen Einschränkungen. Hier ist Mäßigung und Neutralität gefragt. Verbeamtete Lehrer sollten daher keine Kugelschreiber der Linkspartei an ihre Schüler verteilen, Polizisten sollten sich keine verfassungsfeindlichen Tattoos stechen oder antisemitische Memes in Chats verschicken usw.[25]

Die Pflicht zur Amtsverschwiegenheit (§ 67 BBG/§ 37 BeamtStG), die Mäßigungs- und Zurückhaltungspflicht bei politischer Betätigung (§ 60 Abs. 2 BBG/§ 34 BeamtStG) und die Pflicht zu achtungsswürdigem Verhalten (§ 61 BBG/§ 34 BeamtStG) begrenzen für Beamte die Möglichkeiten der Meinungsfreiheit.

Glaubens- und Gewissensfreiheit: Art. 4 Abs. 1 Grundgesetz

Kaum ein Grundrecht sorgt für so viel Zündstoff wie die Glaubensfreiheit. Die Glaubens- und Gewissensfreiheit von Beamten kollidiert regelmäßig mit ihrer Pflicht zur Neutralität (siehe oben unter „Neutralitätspflicht" und im Exkurs „Das Kopftuch im öffentlichen Dienst"). Seit 2021 ist im Gesetz zur Regelung des Erscheinungsbilds von Beamtinnen und Beamten geregelt, inwieweit religiöse Symbole im Dienst zulässig sind. Anlass war zwar eine verfassungsfeindliche Tätowierung eines Polizisten, welcher dann aus dem öffentlichen Dienst entlassen wurde, aber das Gesetz regelt nun das gesamte Erscheinungsbild von Beamten. Da sich Beamte im Dienst weltanschaulich, politisch und religiös neutral verhalten müssen, ist das Tragen eines Kopftuchs im Dienst ausgeschlossen. Denn: Allein das Tragen bestimmter Kleidung oder Zeigen religiöser Symbole kann beim Bürger zu Missverständnissen führen. Es kommt nicht darauf an, was der Beamte aussagen möchte, sondern darauf, wie er nach außen hin wirkt und verstanden wird.

Freie Entfaltung der Persönlichkeit und Recht auf Leben und körperliche Unversehrtheit: Art. 2 Grundgesetz

Auch in Bezug auf das Recht auf freie Entfaltung der Persönlichkeit und Leben und körperliche Unversehrtheit (Art. 2 GG) unterliegen Beamte Einschränkungen. Die Ausübung einer Nebentätigkeit kann schließlich auch zur Persönlichkeitsentwicklung gehören. Dieses Recht ist Beamten aber nicht vorbehaltlos gewährt. Freizeitbeschäftigungen, die mit der Tätigkeit im öffentlichen Dienst kollidieren, sind zu unterlassen. Also: Als Finanzbeamter eine Vereinstätigkeit im Lohnsteuerhilfeverein auszuüben und als Regierungsrat extremistische Klima-Retter-Gruppen zu unterstützen, könnte auch problematisch werden. Für Ärzte, Polizisten und Feuerwehrleute kommt hinzu: Sie müssen sogar ihre Gesundheit und ihr Leben gefährden, wenn der Dienst es erfordert. Das Tragen bestimmter Kleidung, Schmuck, Tattoos – all dies kann vom Dienstherrn eingeschränkt werden und fällt natürlich unter die freie Entfaltung der Persönlichkeit.

Das Beurteilungswesen

Jeder Beamte wird zunächst als Beamter auf Probe ernannt, mit dem Ziel, die Lebenszeitverbeamtung zu erhalten. Voraussetzung hierfür ist, dass man sich während seiner Probezeit bewährt hat. Die regelmäßige Probezeit beträgt drei Jahre, eine Verkürzung auf bis zu sechs Monate ist aber möglich, wenn man sich in vorhergehenden Tätigkeiten bewährt hat. Diese können positiv auf die Probezeit angerechnet werden. Die Probezeit kann aber auch verlängert werden, zum Beispiel bei einer Unterbrechung durch Elternzeit,* längstens jedoch auf fünf Jahre. Das bedeutet: Nach spätestens fünf Jahren hat man einen Anspruch auf Ernennung auf Lebenszeit, sofern die Voraussetzungen hierfür vorliegen. Sich klammheimlich in einem Büro verbarrikadieren und drei Jahre absitzen funktioniert nämlich nicht. Hat sich der Beamte in der festgelegten Probezeit nicht bewährt, kann er entlassen werden. In der Regel hat der Dienstherr drei Jahre lang die Möglichkeit, Eignung, Fähigkeiten und Leistungen zu beurteilen und zu entscheiden, ob das Ergebnis für eine Ernennung auf Lebenszeit ausreicht. Klar, sich drei Jahre lang von der besten Seite zu zeigen, klingt hart. Allerdings winkt ein lebenslanges unkündbares Dienstverhältnis, finanziert durch den Steuerzahler. Da muss man sich schon auf Herz und Nieren prüfen lassen. Fakt ist aber auch: Aktuell besteht ein eklatanter Mangel im öffentlichen Dienst und Fachkräfte werden händeringend gesucht. Die Babyboomer gehen nach und nach in Pension und Rente, aber es fehlt an geeignetem Personal zum Nachrücken. Weil der Staat nicht unbedingt mit dem höchsten Gehalt punkten kann, ist die Lebenszeitverbeamtung der einzige Trumpf. Soll heißen: In aller Regel werden die meisten Beamten nach der Probezeit auch auf Lebenszeit verbeamtet. Damit es aber nach drei

* Die Elternzeit darf generell nicht zu einer Verlängerung der Probezeit führen, wenn man mindestens ein volles Jahr im Dienst war. Ausnahmen gelten, wenn diese Zeit nicht ausgereicht hat, um einschätzen zu können, inwieweit man sich bewährt hat. Die Entscheidung hierüber obliegt Deinem unmittelbaren Vorgesetzten. Viele Länder haben hiervon abweichende Regelungen geschaffen und verlängern die Probezeit.

oder fünf Jahren kein böses Erwachen gibt, sieht das Beamtenverhältnis auf Probe dienstliche Beurteilungen vor. Diese sind wegweisend für die Zukunft der Beamtenkarriere.

Die dienstliche Beurteilung – was ist das?

Bist Du geeignet, ein Leben lang gewissenhaft für den öffentlichen Dienst zu arbeiten? Das einzuschätzen obliegt Deinem Dienstherrn, der anhand von objektiv entwickelten Kriterien beurteilen soll, wie Du Dich bisher im Dienst geschlagen hast. Zwei Beurteilungen gilt es dabei grundsätzlich zu unterscheiden: die Regelbeurteilung und die Anlassbeurteilung. Erstere soll Eignung und Leistung des Beamten alle drei Jahre, also regelmäßig festhalten, zweitere soll im Falle eines besonderen Anlasses erstellt werden.[26] Daneben gelten jedoch für viele Behörden und Dienststellen unterschiedliche Regelungen, wann welche Beurteilung in welcher Form stattfinden soll. Manche Beamte sollen nach anderthalb Jahren (also nach Ablauf der Hälfte der Probezeit) eine Beurteilung erhalten. Manche Behörden sehen Beurteilungen während der Probezeit vor, zum Ende der Probezeit und zusätzlich Leistungsberichte nach Ablauf gewisser Dienstzeiten. In anderen Dienststellen gibt es noch Zwischenbeurteilungen, wenn man länger aus dem Dienst ausscheidet oder die Dienststelle wechselt. Frag deine personalverwaltende Stelle einfach, welche Beurteilungen für deine Karriereentwicklung vorgesehen sind.

Der öffentliche Dienst richtet sich nach dem Prinzip der Bestenauslese. Die Beurteilung ist daher Grundlage für die gesamte weitere Verwendung und Beförderung eines Beamten. Der Maßstab ist dabei folgender: Jeder Stelle im öffentlichen Dienst liegt ein Anforderungs- und Erwartungsprofil zu Grunde. Das heißt, der Dienstherr legt vorher fest, was genau von welcher Stelle erwartet wird. Das ist der Soll-Zustand. Nachdem der geeignete Kandidat seinen Posten eingenommen hat, beurteilt der Dienstherr den Ist-Zustand, also inwieweit der Betroffene die angestrebten Anforderungen erfüllt hat. Die Aufgabendefinition einer Tätigkeit spielt daher eine wesentliche Rolle. Den meisten Beurteilungen liegen vorgefertigte Merkmale zu Grunde, die nur noch angekreuzt werden müssen. Dabei können Punkte zwischen 5 und 15 vergeben werden für Arbeitsergebnisse, Arbeitsweise und Arbeitsverhalten. Am Ende der Beurteilung fällt der Vorgesetzte ein Gesamturteil und macht einen Vorschlag für die weitere Verwendung des Beamten. Das Bundesverwaltungsgericht hat 2015 in der sogenannten Ankreuzentscheidung definiert, wie eine solches Gesamturteil auszusehen hat.

Das Ganze ist übrigens kein Geheimprotokoll. Im Gegenteil, die Beurteilung wird mit dem Betroffenen erörtert und besprochen. Danach kommt sie in die Personalakte.

Personalgespräche für Beurteilungen sollen in regelmäßigen Abständen durchgeführt werden. Die Länder können das nach eigenen Beurteilungsrichtlinien für Beamte selbst festlegen. In Hamburg beispielsweise sollen aller vier Jahre Personalgespräche durchgeführt werden. In diesen Personalgesprächen soll der Vorgesetzte auf Leistungsdefizite oder besonders herausragende Leistungen hinweisen und diese mit seinem Beamten erörtern. Allerdings sieht so nur die Theorie aus. In der Praxis vergessen beide Seiten oft die Möglichkeit eines solchen Gesprächs und am Ende gibt es eine negative Beurteilung oder auch gar keine, weil der Chef es einfach vergessen hat. Viele Beamte suchen dann rechtliche Hilfe und beschweren sich, dass der Chef nie mit ihnen geredet hat. Leider hilft das nicht weiter. Denn: Die Personalgespräche sind keine Voraussetzung für eine Beurteilung. Sie können stattfinden, müssen aber nicht. Auch hier gilt wieder: Als Staatsdiener solltest Du Eigeninitiative entwickeln und aktiv Deine Beurteilungen und Karriere vorantreiben, indem Du mit Deinem Vorgesetzten sprichst, ihn auf die Möglichkeit eines Personalgesprächs hinweist und an das Ausstellen Deiner Beurteilung erinnerst.

Was wird beurteilt – am Beispiel des bayrischen Rechts

Was genau und wie beurteilt wird, legen die Länder für ihre Landesbeamten in eigenen Gesetzen fest. Die Einzelheiten regeln Verwaltungsvorschriften. Auch innerhalb eines Landes können die Behörden ihr Beurteilungswesen selbstständig gestalten. Die Staatsministerien können also andere Vorgaben haben als die Gemeinden, Körperschaften oder Anstalten. Für Bundesbeamte gilt § 21 BBG, der wiederum die Bundesbehörden ermächtigt, das Beurteilungswesen in Verordnungen zu konkretisieren.

All diese unterschiedlichen Gesetze ähneln sich jedoch stark. Im Folgenden wird das Beurteilungswesen daher näher nach dem Gesetz über die Leistungslaufbahn und die Fachlaufbahnen der bayerischen Beamten und Beamtinnen (Leistungslaufbahngesetz – LlbG) dargestellt. Dort heißt es zum Beispiel in Artikel 54 LlbG: *„Dienstliche Beurteilungen sind die Einschätzung während der Probezeit, die Probezeitbeurteilung, die periodische Beurteilung, die Zwischenbeurteilung und die Anlassbeurteilung. Die obersten Dienstbehörden können durch Verwaltungsvorschrift weitere dienstliche Beurteilungen zulassen.“*

Wir sehen: Bayrische Staatsdiener können ganz schön oft beurteilt werden. In der Beurteilung soll nach Artikel 58 LlbG ein Feedback über die fachliche Leistung, die generelle Eignung und sonstige Befähigungen enthalten sein. Die fachliche Leistung umfasst: Quantität, Qualität, Serviceorientierung (insbesondere gegenüber dem Bürger), Zusammenarbeit mit Kollegen und Vorgesetzten und, soweit Beamte Führungsaufgaben wahrnehmen, der Führungserfolg. Die Eignung umfasst: Auffassungsgabe, Einsatzbereitschaft, geistige Beweglichkeit, Entscheidungsfreude und Führungspotenzial. Geistige Beweglichkeit – ein toller Begriff und vermutlich ein Attribut, mit dem die wenigsten Menschen Beamte in Verbindung bringen würden.

Weitere Befähigungen sind: Fachkenntnisse, mündliche und schriftliche Ausdrucksfähigkeit und zielorientiertes Verhandlungsgeschick. All diese Eigenschaften sollen auf einer Punkteskala von 1 bis 16 Punkten bewertet werden, am Ende soll ein Gesamturteil gefällt werden. Zuständig für die Beurteilung ist der Leiter der jeweiligen Behörde bzw. Dienststelle. Die Beurteilung wird dem betroffenen Beamten eröffnet und mit ihm besprochen, wenn es keine Einwände gibt, kommt sie zur Personalakte.

Beispiel einer Beurteilung

Die vollständigen Beurteilungsvorlagen umfassen teilweise zehn Seiten und beinhalten neben persönlichen Daten wie Namen, Geburtsdatum, Funktion und Dienststelle auch Angaben zu Teilzeitbeschäftigung, Schwerbehinderung und eine Aufgabenbeschreibung der jeweiligen Tätigkeit. Verkürzt könnte die Beurteilung zum Beispiel so aussehen:

Name:	**Amtsbezeichnung:**
Merkmal	**Bewertungskala 1 bis 5**
Fachliche Leistung • Führungserfolg • Qualität der Arbeit • Zusammenarbeit im Team	
Eignung • Auffassungsgabe • Entscheidungsfreude • Geistige Beweglichkeit • Einsatzbereitschaft	
Befähigung • Schriftlicher Ausdruck • Mündlicher Ausdruck	
Sonstige Bemerkungen	
Gesamturteil	
Entspricht nicht den Anforderungen: 1 Punkt Entspricht im Allgemeinen den Anforderungen: 2 Punkte Entspricht voll den Anforderungen: 3 Punkte Übertrifft die Anforderungen: 4 Punkte Übertrifft die Anforderungen in besonderem Maße: 5 Punkte	

Fallbeispiel: Ein heikler Informatiker

Eine negative Beurteilung kann letztlich dazu führen, dass ein Beamter auf Probe aus dem Dienst entlassen wird. So geschehen bei einem jungen Informatiker, der als Regierungsrat auf Probe im Bundesministerium des Inneren eingestellt wurde. Nach Ablauf der dreijährigen Probezeit machte der Dienstherr unmissverständlich klar: Eine Fortführung des Dienstverhältnisses komme nicht in Betracht. Dagegen leitete der junge Regierungsrat rechtliche Schritte ein und blieb daher vorerst im Dienst, denn das Klageverfahren hemmte seinen Rauswurf. Als fast fünf Jahre vergangen waren, berief er sich auf seinen Anspruch auf Lebenszeitverbeamtung. Das ging natürlich nach hinten los, da er sich die Zeit der gerichtlichen Klärung nicht anrechnen lassen konnte. Das Oberverwaltungsgericht Berlin-Brandenburg stellte fest: Die Entlassungsverfügung erhielt der Beamte rechtzeitig und konnte ab diesem

Zeitpunkt, nach der Bewertung seines Dienstherrn, nicht von seiner Bewährung ausgehen. Daher konnte er auch nicht darauf vertrauen, dass er in das Beamtenverhältnis auf Lebenszeit übernommen werde.[27]

Unfaire Beurteilung – was tun?

Nicht jede Beurteilung ist rechtmäßig. Hat sich der Vorgesetzte von persönlichen und sachfremden Gründen leiten lassen, dann kann der Beamte die Beurteilung angreifen. Allerdings wird es rechtlich etwas kompliziert, da nicht so ganz feststeht, wie. Was genau eine solche Beurteilung ist, darüber herrscht unter Juristen nämlich Uneinigkeit. Ein Verwaltungsakt sei es jedenfalls nicht, daher gäbe es auch keine Widerspruchsmöglichkeit, sagen die einen. Das sei unfair gegenüber dem Betroffenen, sagen die anderen. Die Rechtsprechung sagt mittlerweile einheitlich: Eine Beurteilung ist kein Verwaltungsakt. Um dennoch gegen sie klagen zu können, muss der Betroffene zunächst einen Antrag auf Änderung der Beurteilung stellen. Erst wenn dieser abgelehnt wird, liegt ein Verwaltungsakt (nämlich die Ablehnung der Änderung) vor, gegen den geklagt werden kann.[28] Warum einfach, wenn es kompliziert geht?

Das Gericht kann den Beamten jedoch nicht selbst beurteilen, es kann allenfalls feststellen, dass die Beurteilung unrichtig war. Das bedeutet, dass der Vorgesetzte zwar eine neue Beurteilung erstellen muss. Er kann aber dennoch einen objektiveren Weg finden, diese negativ ausfallen zu lassen. Und schließlich kommt noch hinzu: Der Rechtsstreit um eine solche Beurteilung kann gut und gerne mal zwei Jahre dauern. Ergibt es also überhaupt Sinn, gerichtlich gegen eine negative Beurteilung vorzugehen? Das darf gerne bezweifelt werden. Eine negative Beurteilung fällt nicht vom Himmel. Wenn sich die Hinweise verdichten, dass der Vorgesetzte mit der Arbeitsweise des Beamten unzufrieden ist, sollte ein klärendes Gespräch gesucht werden, bevor es zu einer negativen Beurteilung kommt. Ein solches Personalgespräch soll ohnehin in regelmäßigen Abständen stattfinden (wie unter „Die dienstliche Beurteilung“ ausgeführt). Gestresste Vorgesetzte vergessen so etwas aber auch mal. Du solltest daher selbst hinterher sein und um ein solches Gespräch bitten, um mögliche Leistungsdefizite zu klären. Das Verhindern einer negativen Beurteilung ist nämlich definitiv der bessere Weg! Wenn Dir die Beurteilung eröffnet und mit Dir besprochen wird, Du jedoch feststellst, dass sie nicht zu Deiner Zufriedenheit ausfällt, solltest Du Deine Einwände hiergegen sofort geltend machen. Manchmal kann so direkt im Gespräch noch etwas geklärt werden. Ansonsten geht die Beurteilung dann zur nächsthöheren Dienstbehörde, die sie ebenfalls überprüft. Erst, wenn keiner in Deiner Behörde mehr an der Beurteilung rütteln will, bleibt Dir nur noch der Klageweg.

Die Rechte von Beamten

Nachdem wir uns lang und breit durch die vielen Pflichten eines Berufsbeamten gequält haben, soll es nun endlich um die Rechte gehen. Denn eins ist klar: Der Staat verlangt seinen Dienern einiges ab. Was erhält man aber im Gegenzug dafür? Für den ein oder anderen sind diese ganzen Verpflichtungen nämlich zu viel und er wählt lieber einen Beruf in der freien Wirtschaft. Beamte unterliegen jedoch nicht nur Einschränkungen und erhöhten Verpflichtungen, sie kommen auch in den Genuss zahlreicher Absicherungen. Und genau das macht die Verbeamtung so attraktiv und wird auch für Dich der Grund sein, warum Du dieses Buch in den Händen hältst und bereits bis hierher gelesen hast, ohne Dich von Deinem Ziel abbringen zu lassen. Alle Rechte sind normiert im Bundesbeamtengesetz (BBG)/Beamtenstatusgesetz (BeamtStG) im Zusammenhang mit den Gesetzen der Länder, Bundesbesoldungsgesetz (BbesG) und Beamtenversorgungsgesetz (BeamtVG).

Das Recht auf ein Arbeitszeugnis

Beginnen wir mit dem Recht, welches alle Arbeitnehmer besitzen und auch Beamten zusteht: nach Ende der Tätigkeit ein Zeugnis zu erhalten. Auch Beamte entscheiden sich zuweilen, das Beamtenverhältnis niederzulegen und in die Privatwirtschaft zu wechseln. Um den Wechsel zu erleichtern und zu unterstützen, ist der (letzte) Dienstherr verpflichtet, ein Arbeitszeugnis auszustellen. Das Zeugnis soll Auskunft darüber geben, wie lange welche Tätigkeit ausgeübt worden ist. Zu unterscheiden sind das einfache und das qualifizierte Zeugnis. Letzteres soll auch die Leistungen des Beamten würdigen. Geregelt ist das Ganze für Bundesbeamte in § 85 BBG (für Landesbeamte gelten die Vorschriften ihrer Landesgesetze entsprechend) und Achtung – nicht mit der dienstlichen Beurteilung zu verwechseln! Das Arbeitszeugnis musst Du explizit beantragen, entweder weil Du den Dienst quittierst oder sonst ein wichtiges Interesse darlegen kannst, wofür Du es benötigst. Eine dienstliche Beurteilung hingegen ist nur für den innerdienstlichen Gebrauch im Rahmen Deiner beamtenrechtlichen Karriere gedacht.

Das Alimentationsprinzip

Alimentieren bedeutet das regelmäßige Versorgen mit Leistungen, vor allem Geldleistungen. Es geht dabei um mehr als nur das Gehalt. Das Alimentieren geht über die aktive Dienstzeit (Pension) und den Tod hinaus (zum Beispiel bei der Versorgung der Hinterbliebenen). Auch die Beihilfe ist Teil der Alimentation. Das Alimentationsprinzip ist ein fest verankerter Grundsatz des Berufsbeamtentums und steht bei den Gründen, aus welchen freie Menschen zu Staatsdienern werden, ganz oben auf der Liste. Auch in unsicheren Zeiten ist auf den Staat Verlass und selbst schlimme Verfehlungen der Staatsdiener können immer noch eine großzügige Versorgung seiner Familie garantieren. So erscheint es heute unglaublich, dass die Witwen bekannter NS-Funktionäre nach dem zweiten Weltkrieg in besten Verhältnissen lebten und eine üppige Witwen-Rente erhielten. Die Ehefrau des Volksgerichtshofpräsidenten Roland Freisler beispielsweise, der bei einem Bombenangriff 1945 ums Leben kam, erhielt bis zu ihrem Tod im Jahr 1997 Witwenrente.[29] Erst eine Novellierung des Bundesversorgungsgesetzes schob dem einen Riegel vor. Doch Altfälle waren davon nicht betroffen. Begehen Beamte heute schwerste Verbrechen gegen die Menschlichkeit, erhalten ihre Hinterbliebenen daher keine Alimentation.

Die Höhe der Alimentation ist festgelegt und abhängig vom statusrechtlichen Amt des Beamten. Es gibt daher keine persönlichen Gehaltsverhandlungen wie in der freien Wirtschaft, auch durch Streik oder besonderen Fleiß lässt sich an der Besoldung nichts verändern. Ein Grund, warum einige Beamte nur das Mindestmaß an Leistung bringen? Man munkelt. Auf der anderen Seite empfinden viele Menschen Gehaltsverhandlungen als äußerst unangenehm und sind dankbar, wenn es für alle gleich geregelt ist. Im März 2023 hingen in Berlin Werbeplakate des Zolls, der Nachwuchspersonal mit dem Slogan „Dein Gehalt ist nicht Verhandlungssache" suchte und genau darauf anspielte.

Das Bundesverfassungsgericht hat bereits 1977 festgelegt: „Das Alimentationsprinzip liefert einen Maßstabsbegriff, der jeweils den Zeitverhältnissen gemäß zu konkretisieren ist."[30] Aus diesem Grund wird die Besoldung regelmäßig angepasst und erhöht. Staatsdiener sollen nicht nur ihre Grundbedürfnisse decken können, sondern darüber hinaus einen gewissen Lebensstandard genießen können. Mit Einführung des Bürgergeldes zum 1. Januar 2023 fordert die Beamten-Gewerkschaft dbb auch eine Erhöhung der Besoldung. dbb-Chef Ulrich Silberbach sagte im Interview: „Die Besoldung muss mindestens 15 Prozent oberhalb der staatlichen Grundsicherung liegen."[31] Hintergrund der Forderung ist die Verpflichtung des Staates, das Alimentationsprinzip den wirtschaftlichen Verhältnissen anzupassen. Die Alimentation ist der Fels in der Brandung, der Garant dafür, ein Leben lang versorgt zu sein und der Ausgleich für all die Verpflichtungen und Einschränkungen, denen Staatsdiener unterliegen.

Nach monatelangen Tarifverhandlungen im öffentlichen Dienst konnten die Gewerkschaften und der Arbeitgeber von Bund und Kommunen am 23. April 2023 eine Einigung finden.[32] Da das Ergebnis auch auf Beamte übertragen wird, ist im Jahr 2024 mit einer Erhöhung und Anpassung der Besoldungstabellen zu rechnen. Auch mit Auszahlung einer Inflationsprämie in Höhe von 3.000 Euro können Beamte rechnen. Voraussetzung ist aber zunächst die Verabschiedung eines parlamentarischen Gesetzes. Dies war bei Fertigstellung dieses Buches noch nicht erfolgt. Der Entwurf des Bundesinnenministeriums wurde dem Bundeskabinett am 23. Juli 2023 vorgelegt. Geplant ist eine Erhöhung der Besoldung um 5,3 Prozent (abzüglich 0,2 Prozentpunkte

Versorgungsrücklage) und die Zahlung eines zusätzlichen Sockelbetrages von mindestens 200 Euro.[33] Im Ergebnis erhalten alle Besoldungsgruppen 340 Euro mehr.*

Wie hoch ist mein Gehalt denn nun?

Was unterm Strich für jeden zählt: Welchen Nettobetrag hat man auf dem Konto? Zwar sind die Besoldungen strikt im Bundesbesoldungsgesetz festgelegt, unterscheiden sich aber nach Amt, Erfahrungsstufen, Mehrarbeitsvergütung und Zulagen. Außerdem zahlen manche Kirchensteuer und die Krankenkassenbeiträge sind auch unterschiedlich hoch. Das individuelle Netto-Gehalt lässt sich daher hier nicht für jeden ausrechnen. Da gesetzlich aber alles festgelegt ist, sind sämtliche Brutto-Grundgehälter in den Besoldungstabellen für Bund und Länder einsehbar. Das Grundgehalt bemisst sich dabei nach Stufen. Die Einteilung in diese Stufen bzw. der Aufstieg erfolgt aufgrund bestimmter absolvierter Dienstzeiten, wenn man bereits im Öffentlichen Dienst ist oder wenn Leistungen vorher erbracht wurden. Manche Leistungen werden angerechnet (sogenannte Erfahrungszeiten), wenn man in den Öffentlichen Dienst einsteigt. Noch einmal: Das Gehalt bemisst sich also nach dem Amt (A3 bis A16), der Stufe (1 bis 8) und den Zulagen.

Wenn es keine Erfahrungszeiten gibt, die anerkannt werden können, steigt man mit dem Grundgehalt seines jeweiligen Amts auf der Stufe 1 ein. Zum Beispiel: Eine Beamtin im Amt A8 Stufe 1 verdient 2.766,18 Euro Brutto im Monat (Grundgehalt). Nach zwei Jahren steigt sie von der ersten in die zweite Stufe auf. Das wären für A8 Stufe 2 im Monat 2.865,38 Euro Grundgehalt. Außerdem gibt es für A8 eine Amtszulage von 71,48 Euro monatlich, die noch draufkommt. Ist die Beamtin verheiratet, gibt es weitere 153,88 Euro Zuschlag. Ist die Beamtin seit zwei Jahren im Polizeidienst tätig, gibt es noch einmal 228,00 Euro Zuschlag. Arbeitet sie regelmäßig am Sonntag, gibt es pro Stunde noch einmal 5,67 Euro drauf (all diese Zahlen entsprechen der Besoldungstabelle aus 2022!). Ganz schön viele Punkte, die man beachten muss und die das Gehalt am Ende beeinflussen können. Zum Glück

* Laut ver.di die Besoldungsgruppe A3 Stufe 1 nur 337 Euro.

muss das kein Beamter selbst ausrechnen. Das erledigt der Dienstherr. Für Bundesbeamte ist das übrigens die jeweilige Stelle des Bundesverwaltungsamts (BVA). Im Folgenden wollen wir uns die Erfahrungsstufen und den Familienzuschlag ansehen, daneben gibt es noch zahlreiche weitere Zuschläge die Berufsgruppen, tätigkeits- oder amtsbezogen sind. Sie alle darzustellen, würde ein eigenes Buch füllen. Ich empfehle Interessierten daher, einen Blick in das Bundesbesoldungsgesetz oder die Besoldungstabellen der Länder zu werfen.

Besoldungstabelle Bund

Die aktuellen Besoldungstabellen sind mit wenigen Klicks im Internet einsehbar oder in den Anlagen des Bundesbesoldungsgesetzes (BBesG) nachzulesen. Auf die Darstellung aller Besoldungen der 16 Bundesländer wird an dieser Stelle daher verzichtet. Für eine Orientierung folgt hier aber die Besoldungstabelle des Bundes zum Stand März 2024. Die Gehälter sind in Brutto angegeben, hiervon gehen also noch Lohnsteuer, Solidaritätszuschlag, eventuell Kirchensteuer und natürlich die Krankenkassenbeiträge ab.

Was sind Erfahrungsstufen?

Die Besoldung ist im Bundesbesoldungsgesetz festgelegt und an die jeweilige Höhe des Dienstpostens gekoppelt. Die Dienstposten sind A2 bis A 16 für Beamte, B1 bis B11 für leitende Beamte, W1 bis W3 für Hochschullehrer und R1 bis R10 für Staatsanwälte.

Für die Dienstposten A2 bis A16 kommen Erfahrungsstufen hinzu. Erfahrungsstufen sollen die Zeiten, in denen Beamte Leistungen erbracht haben, mit einem Gehaltsaufschlag würdigen. Tatsächlich ist das Bild von Beamten, die turnusmäßig befördert werden und dafür nichts mehr tun müssen, weit verbreitet. Zwar sieht das Gesetz einen turnusmäßigen Aufstieg in den Erfahrungsstufen vor, das muss aber nicht so laufen. Beamte, die überdurchschnittliche Leistungen erbringen, können in der Leistungsstufe schneller aufsteigen. Beamte, die besonders langsam arbeiten, können auf der Erfahrungsstufe „sitzen bleiben".

Bundesbesoldungsordnung A

Besoldungs-gruppe	Grundgehalt (Monatsbetrag in Euro)							
	Stufe 1	Stufe 2	Stufe 3	Stufe 4	Stufe 5	Stufe 6	Stufe 7	Stufe 8
A 3	2 706,99	2 763,31	2 819,66	2 865,01	2 910,36	2 955,72	3 001,08	3 046,42
A 4	2 759,23	2 826,55	2 893,88	2 947,47	3 001,08	3 054,68	3 108,26	3 157,76
A 5	2 778,44	2 862,26	2 929,59	2 995,58	3 061,57	3 128,91	3 194,84	3 259,46
A 6	2 833,40	2 931,00	3 029,92	3 105,51	3 183,86	3 259,46	3 343,26	3 416,11
A 7	2 963,97	3 050,57	3 164,65	3 281,42	3 395,49	3 510,94	3 597,53	3 684,10
A 8	3 123,39	3 227,85	3 374,87	3 523,33	3 671,73	3 774,80	3 879,24	3 982,32
A 9	3 354,26	3 457,34	3 619,52	3 784,42	3 946,56	4 056,80	4 171,47	4 283,30
A 10	3 575,51	3 717,07	3 921,86	4 127,55	4 337,08	4 482,89	4 628,67	4 774,53
A 11	4 056,80	4 273,37	4 488,54	4 705,13	4 853,76	5 002,40	5 151,04	5 299,72
A 12	4 334,26	4 590,49	4 848,12	5 104,32	5 282,70	5 458,23	5 635,18	5 814,97
A 13	5 046,30	5 286,94	5 526,17	5 766,83	5 932,45	6 099,51	6 265,11	6 427,89
A 14	5 183,60	5 493,61	5 805,05	6 115,06	6 328,80	6 544,01	6 757,73	6 972,92
A 15	6 289,17	6 569,48	6 783,22	6 997,00	7 210,74	7 423,08	7 635,43	7 846,32
A 16	6 916,29	7 241,90	7 488,19	7 734,52	7 979,41	8 227,16	8 473,46	8 716,97

Quelle: dbb beamtenbund und tarifunion, Berlin, gültig ab 1. März 2024

Es gibt insgesamt acht Erfahrungsstufen für die Besoldungsgruppe A2 bis A16. Wer ohne jegliche Vorerfahrungen in das Beamtentum einsteigt, beginnt daher mit der Stufe 1. Wer vorher bereits woanders gearbeitet hat, kann sich diese Zeiten anrechnen lassen und somit gleich höher eingestuft werden. Auch selbstständige Tätigkeiten, Ausbildungs- und Studienzeiten werden in den Erfahrungsstufen berücksichtigt. Zuständig für die Festlegung der Erfahrungsstufe ist die personalbearbeitende Stelle. Daher empfiehlt es sich unbedingt, wenn man eine Höherstufung anstrebt, mit dieser Stelle Kontakt aufzunehmen und die Gründe darzulegen. Die Stufenfestsetzung erfolgt durch einen förmlichen Bescheid. Für Beamte, die im höheren Dienst eingestellt werden, gilt übrigens pauschal die Einstufung auf Stufe zwei, da zwei Jahre des Studiums als Erfahrungszeit anerkannt werden. Das gilt aber nur für Master/Diplom oder vergleichbare Abschlüsse.

Zum Vertiefen: Ein Blick in den sehr ausführlichen § 27 Bundesbesoldungsgesetz gibt einen Überblick über die Höhe der Grundgehälter.

Die ominösen Erfahrungsstufen und wie man sie erreicht

Man steigt nicht automatisch alle zwei Jahre in die höhere Stufe auf. Je höher die Stufe, desto länger dauert der Aufstieg. Gibt es keine Zeiten oder Vortätigkeiten, die angerechnet werden können, startet man auf Stufe 1 und erreicht nach zwei Jahren Stufe 2. Für Stufe 3 und Stufe 4 muss man jeweils weitere drei Jahre tätig sein, für Stufe 5 bis 7 sogar vier Jahre. Ausgenommen hiervon sind Beamte des einfachen Dienstes, sie müssen weiterhin nur drei Jahre tätig sein, bevor sie die nächste Erfahrungsstufe erreichen können. Diese Zeiten verlängern sich, wenn man den Dienst verlässt und eine längere unbezahlte Pause einlegt! Das gilt aber nicht für alle Pausen, insbesondere Elternzeiten sind hiervon ausgenommen. So weit klingt erstmal alles gut. Schön im Büro bequem machen, abwarten bis die Zeit vergeht und die Beförderung von allein hereinweht? Ganz so leicht ist es dann doch nicht. Der Dienstherr hat stets die Möglichkeit, die Leistungszeiten zu verlängern, wenn er der Meinung ist, sein Beamter bummelt herum, leistet nur das Minimum und ist generell nicht besonders an Leistung interessiert. Der Dienstherr wird den betroffenen Beamten vorab darüber informieren und eine Leistungseinschätzung erstellen. Erst wenn der Beamte wieder mehr Gas gibt, darf er in die höhere Stufe aufsteigen. Im Gegenzug dürfen besonders fleißige Staatsdiener auch belohnt werden. Bemerkt ihr Dienstherr herausragende Leistungen, kann er ihnen das Grundgehalt der nächsthöheren Stufe zahlen. Das gilt nur für Beamte der Besoldungsgruppe A. Bist Du keine 18 Jahre alt, kommst frisch vom Abitur und bewirbst Dich für ein duales Studium der Verwaltung, fragst Du Dich an dieser Stelle wahrscheinlich: Welche Zeiten werden mir anerkannt, steige ich etwa nach zehn Jahren Arbeit in einem Unternehmen auch auf Stufe eins ein? Für all jene, und das werden viele sein, die nicht sofort den Weg in den öffentlichen Dienst gefunden haben, gibt es die Möglichkeit, vordienstliche Zeiten anzuerkennen. Eine gleichwertige hauptberufliche Tätigkeit, die Tätigkeit als Soldat, Wehrdienstzeiten, Bundesfreiwilligendienst, der Abschluss eines Masters/Diplomstudiums – all diese Zeiten werden anerkannt. Für das Studium werden jedoch nur zwei Jahre anerkannt, auch wenn man länger gebraucht hat. Im Grunde kann die oberste Dienstbehörde die Zeiten für jede Tätigkeit anerkennen, die hauptberuflich ausgeübt wurde und für die jetzige Verwendung nützlich ist.

Fallbeispiel: Berufswechsel einer Lehrerin

Nochmal: Die Höhe des Grundgehalts in der Besoldungsgruppe A wird nach Stufen bemessen. Das Aufsteigen der Stufen ist an Erfahrungszeiten gekoppelt. Erfahrungszeiten sind Zeiten im öffentlichen Dienst oder gleichwertige Tätigkeiten. Ob diese Tätigkeiten als gleichwertig anerkannt werden können, entscheidet die oberste Dienstbehörde. Voraussetzung für eine Anerkennung ist eine hauptberufliche Tätigkeit, die der Verwendung im öffentlichen Dienst förderlich ist. Dieser Gesetzeslage war sich eine Lehrerin aus Baden-Württemberg nicht bewusst. Sie studierte Wirtschaftspädagogik und promovierte in Philosophie. Zudem arbeitete sie als Volontärin für eine lokale Zeitung und war danach jahrelang als Journalistin tätig. Mit 47 Jahren entschied sie sich doch noch, den ursprünglich erlernten Beruf zu ergreifen und wurde als Lehrerin verbeamtet. Ihr Dienstherr wollte ihr jedoch weder die Dissertation noch die Arbeit als Journalistin als Erfahrungszeit anrechnen. Die Promotion sei schön und gut, aber viel zu spezifisch und für die Wissensvermittlung an Schüler daher ungeeignet.

Eine Dissertation sei außerdem keine hauptberufliche Tätigkeit. Leser und Autoren einer Zeitung seien mitnichten mit Schülern einer Schule zu vergleichen. Redakteure und Pädagogen hätten nichts miteinander gemein und die Arbeit sei nicht vergleichbar, daher werde hier auch nichts anerkannt. Die frischgebackene Beamtin meinte hingegen: Auch im journalistischen Beruf habe sie sich viele Fähigkeiten angeeignet, die bei ihrer Lehrerinnentätigkeit hilfreich seien. Sie klagte kurzerhand vor dem Verwaltungsgericht in Stuttgart und erhielt eine Absage. Das Gericht entschied: „Dem vagen Hinweis der Klägerin, die Schule profitiere von deren journalistischer Tätigkeit, fehlt insoweit jede Substanz."[34] Der Fall zeigt zwei Dinge: Für eine Verbeamtung oder Berufswechsel ist es auch im fortgeschrittenerem Alter nicht zu spät. Allerdings könnte man gezwungen sein, auf der beamtenrechtlichen Karriereleiter auf der niedrigsten Stufe zu starten.

Familienzuschlag

Beamte, die eine Familie gründen, erhalten einen Zuschuss vom Staat. Diesen gibt es für zwei Stufen. Die konkrete Höhe ist abhängig von der Zahl der Kinder, ob man verheiratet ist oder nicht und ob der Partner selbst auch im öffentlichen Dienst arbeitet. Den Familienzuschlag auf Stufe eins gibt es für verheiratete Beamte oder eingetragene Lebenspartnerschaften. Sind beide Partner im Öffentlichen Dienst tätig, erhalten beide den Zuschlag anteilig zu 50 Prozent. Der Zuschlag wird also nur einmal pro Familie gezahlt. Der Familienzuschlag fällt mit der Scheidung nicht unbedingt weg. Wenn die verbeamtete Person dem Expartner Unterhalt zahlen muss, kann sie weiterhin Familienzuschlag erhalten.

Auch unverheiratete oder alleinstehende Beamte erhalten den Familienzuschlag auf Stufe eins, wenn sie ein Kind bekommen und für dieses Kind Kindergeld erhalten.

Familienzuschlag auf Stufe zwei gibt es dann zusätzlich für Verheiratete mit Kind. Einige Bundesländer planen außerdem einen Wohnzuschlag. Da das Wohnen in großen Städten immer teurer wird, sollen Beamte in solchen Regionen einen weiteren Zuschlag erhalten. Der Familienzuschlag für Bundesbeamte betrug seit dem 1.3.2024 auf der ersten Stufe 171,28 Euro und auf der zweiten Stufe 317,66 Euro. Für das zweite Kind gibt es nochmal 146,38 Euro. Der Zuschlag ab dem dritten Kind wurde deutlich angehoben und beträgt ab März 2024 für Bundesbeamte 456,06 Euro.

Die Besoldungsgruppen A 3 bis A 5 und Anwärter des einfachen Dienstes erhalten weitere Erhöhungen in Höhe von etwa 5 bis 26 Euro. Da die Abweichungen für Landesbeamte marginal sind, wird an dieser Stelle darauf verzichtet, die Zuschläge aller 16 Bundesländer aufzulisten.

Familienzuschlag (Das Grundgehalt erhöht sich um die jeweiligen Beträge)	
Stufe 1 (§ 40 Absatz 1 Bundesbesoldungsgesetz)	Stufe 2 (§ 40 Absatz 2 Bundesbesoldungsgesetz)
171,28 Euro	317,66 Euro
Für das zweite Kind erhöht sich der Zuschlag um 146,38 Euro, für ein drittes oder jedes weitere Kind um 456,06 Euro. Für die Besoldungsgruppen A3 bis A5 gibt es bis zu 26,84 Euro zusätzlichen Zuschlag. Quelle: *dbb beamtenbund und tarifunion, Berlin, gültig ab 1. März 2024*	

Zum Vertiefen: Alle (aktualisierten) Zahlen stehen im Bundesbesoldungsgesetz in der Anlage V, zudem findet man auf der Website des deutsche Beamtenbundes dbb alle Zuschläge nach Bundesländern sortiert.

Exkurs: Elternzeit und Teilzeit aufgrund familiärer Verpflichtungen

Einige verbeamtete Frauen stellen sich irgendwann die Frage, wie es genau geregelt ist, wenn sie schwanger werden und aus dem Dienst ausscheiden. Müssen sie mit beruflichen Nachteilen rechnen? Als ich mich im Bewerbungsprozess einer renommierten Anwaltskanzlei befand, wurde ich direkt daraufhin gewiesen, dass man junge Frauen eher ungern einstelle. Auch sei erwünscht, dass ich nicht sofort wieder ausscheide. Die Message dahinter war klar: ‚Wir sehen, Sie sind eine junge Frau Anfang 30, wir dürfen Sie nicht nach Ihrer Familienplanung befragen, aber fangen Sie hier bitte nicht an, wenn Sie demnächst Kinder planen.‘ Hätte ich mich für diesen Arbeitgeber entschieden und dann noch erklärt, dass ich jetzt für zwei Jahre oder länger in der Elternzeit verschwinde, wäre mir eine Kündigung bei Rückkehr aus ebendieser gewiss gewesen. Mit diesem mulmigen Gefühl wollte ich meine Karriere ungern starten. Meine Familienplanung sollte nicht von den Erwartungen meines Arbeitgebers abhängen.

Im Gegensatz zur freien Wirtschaft bietet die Verbeamtung Frauen eine sehr große Sicherheit. Sie müssen sich keine Sorgen um ihre Arbeitsplatzsicherung machen und auch Karriere mit Kind ist vielfach leichter möglich als außerhalb des Staatsdienstes. Für Bundesbeamte sind Mutterschafts- und Elternzeiten in der Mutterschutz- und Elternzeitverordnung geregelt. Die Länder haben hierauf aufbauend vergleichbare eigene Regelungen getroffen. Wird eine Beamtin schwanger, werden sich so viele Veränderungen und Fragen auftun, dass allein darüber ein ganzes Buch zu füllen wäre. Niemand nimmt einen in der Behörde an der Hand und erklärt, wie Teilzeit gestaltet werden kann, was Schwangerschaft in der Probezeit bedeutet, ob sich diese durch Elternzeit verlängert, wie lange man besoldet wird usw. An dieser Stelle daher das Wichtigste, mit Hinweisen darauf, wo vertieftes Wissen zu erlangen ist.

Zunächst einmal gilt: Beamtinnen auf Probe und Widerruf dürfen in der Schwangerschaft nicht entlassen werden. Hierfür muss der Vorgesetzte natürlich über die Schwangerschaft informiert sein! Beamtinnen, die bereits auf Lebenszeit verbeamtet wurden, stellt sich diese Frage ohnehin nicht. Die Probezeit darf auch nicht zwangsläufig durch Elternzeiten verlängert werden.* Die Länder haben hiervon jedoch abweichende Regeln geschaffen. Bayern beispielsweise verlängert die Probezeit, sofern nicht während der Elternzeit in Teilzeit gearbeitet wird (vgl. §§ 12, 15 Gesetz über die Leistungslaufbahn und die Fachlaufbahnen der bayerischen Beamten und Beamtinnen). Und auch das sächsische Beamtengesetz legt in § 26 fest: Elternzeiten oder Zeiten einer Beurlaubung ohne Dienstbezüge gelten nicht als Probezeit.

Für Beamtinnen gelten dieselben Mutterschutzfristen wie für alle anderen arbeitenden Frauen auch. Die Beamtin darf sechs Wochen vor der Geburt und acht Wochen nach der Geburt nicht beschäftigt werden. In dieser Zeit erhält sie die vollen Bezüge. Wird bereits vor der

* § 30 Bundeslaufbahnverordnung legt fest, dass die Probezeit nicht durch Kinderbetreuungszeiten verlängert wird. Dies gilt aber nur für Bundesbeamte.

sechswöchigen Schutzfrist vor der Entbindung ein ärztliches Beschäftigungsverbot ausgesprochen, erhält man auch während dieser Zeit alle Bezüge ungekürzt weiter.

Nach Ende des Mutterschutzes müssen Beamtinnen, sofern sie in Elternzeit gehen, wie alle anderen Mütter Elterngeld beantragen und dem Dienstherrn mitteilen, wie lange sie in Elternzeit bleiben. Der Anspruch auf Elternzeit besteht ab der Geburt des Kindes für drei Jahre. Zwei Jahre können aber auch zu einem späteren Zeitpunkt noch genommen werden. Beschließt eine Mutter, zunächst nur zehn Monate Elternzeit zu nehmen und merkt dann, dass sie noch nicht in den Dienst zurückkehren möchte, kann die Elternzeit je nach Dienststelle durch formlose Mitteilung verlängert werden. Dies sollte aber unbedingt mit der personalbearbeitenden Stelle besprochen werden, und zwar einige Wochen vor der Entscheidung. Heute anrufen und melden, dass man morgen nicht aus der Elternzeit zurückkehrt, ist eher keine empfehlenswerte Idee. In der Elternzeit bleibt der volle Beihilfeanspruch erhalten, ebenso aber auch die volle Beitragspflicht der privaten Krankenversicherung. Eine Reduzierung wie bei Arbeitnehmerinnen ist für Beamte nicht möglich. Dies sollte bei der Kalkulierung der Finanzen unbedingt bedacht werden. Der Dienstherr kann auf Antrag immerhin 31 Euro zur Kranken- und Pflegeversicherung bezuschussen. Für Beamtinnen der unteren Besoldungsgruppen ist auch eine Übernahme der vollen Krankenversicherungsbeiträge möglich.

Nach und während der Elternzeit ist eine Beschäftigung in Teilzeit möglich und darf nicht verwehrt werden. Über die Elternzeit hinaus kann aber auch familienbedingter Urlaub ohne Besoldung beantragt werden. Damit hat die Mutter die Möglichkeit, unbezahlt zu Hause zu bleiben, während ihr Beihilfenanspruch erhalten bleibt und sie jederzeit in den Beruf zurückkehren kann. Dieses Modell muss natürlich anderweitig finanziert werden, durch Rücklagen oder das Einkommen des Partners. Dennoch ist das eine einzigartige Konstellation in der Arbeitswelt und ein Privileg, in dessen Genuss nur Staatsdienerinnen kommen.

Zum Vertiefen: Die nur elf Paragrafen umfassende Mutterschutz- und Elternzeitverordnung des Bundes gibt einen guten Überblick. Auch das Mutterschutzgesetz sollte bekannt sein. Landesbeamte müssen in die jeweiligen Laufbahnverordnungen und Gesetze ihrer Länder schauen. Es empfiehlt sich, die personalbearbeitende Stelle zu kontaktieren und alle Fragen rund um Mutterschutz und Elternzeit zu stellen. Bund und die meisten Länder verteilen Info- und Hinweisbroschüren zu Mutterschutz und Elternzeiten. Diese sind jedoch auch online einsehbar. Auf der Website des Bundesministeriums für Familie, Senioren, Frauen und Jugend findet man außerdem eine umfassende Broschüre zum Thema Elterngeld und Elternzeitgesetz zum Download.

Trennungsgeld und Reisekosten

Für Bundesbeamte, Richter und Soldaten gilt unmittelbar das Bundesreisekostengesetz (BRKG) und Bundesumzugskostengesetz. Hier sind alle Fälle geregelt, in denen die Betroffenen dienstlich veranlasst reisen oder sogar umziehen müssen. Landesbeamte müssen in das jeweilige Landesgesetz für Beamte schauen, welches sich jedoch immer an den Vorschriften des Bundes orientiert. Zum Beispiel heißt es im Landesbeamtengesetz Berlin: „Beamtinnen und Beamte erhalten Reise- und Umzugskostenvergütung in entsprechender Anwendung der für die unmittelbaren Bundesbeamtinnen und unmittelbaren Bundesbeamten jeweils geltenden Rechtsvorschriften [...]" (§ 77 LBGB). Außerdem sind alle wichtigen Begriffe im Bundesgesetz definiert. Zum Beispiel, wann genau liegt eine Dienstreise vor? § 2 BRKG gibt Aufschluss: „Dienstreisen sind Reisen zur Erledigung von Dienstgeschäften außerhalb der Dienststätte."

Beamte, die sich auf Reisen begeben, erhalten die notwendigen Auslagen für Bus, Bahn und Flugzeug oder den eigenen PKW erstattet. Außerdem erhalten sie, wenn nötig, eine Unterkunft und Tagegeld für die Mehrausgaben für Verpflegung. Da im öffentlichen Dienst der Grundsatz der Wirtschaftlichkeit und Sparsamkeit gilt, sind die Unterkünfte meist einfach gehalten. Mit einer Übernachtung im Hilton ist nicht zu rechnen – es sei denn, Deine Behörde hat zu Sonderkonditionen einen Kooperationsvertrag geschlossen. Es war für mich anfangs gar nicht so leicht zu akzeptieren, dass meine Kollegen, die den Weg in noble Anwaltskanzleien oder große Wirtschaftsunternehmen gewählt hatten, auf Dienstreisen in Fünf-Sterne-Hotels mit Spa und Lounge-Zugang nächtigen konnten, während ich auf Stube innerhalb militärischer Liegenschaften mit einer steinharten Matratze und der Truppenküche als

Verpflegung vorliebnehmen musste. Die Fürsorgepflicht des Dienstherrn deckt nun mal das Notwendige ab, eine Wellness-Behandlung ist hingegen nicht zu erwarten, schließlich verreist man ja auch zum Arbeiten und nicht zum Vergnügen!

Beamte, die sogar eine Dienstwohnung nehmen oder entscheiden, komplett umzuziehen, erhalten Zuschüsse für den Umzug (geregelt im Bundesumzugskostengesetz) und sogenanntes Trennungsgeld.

Das Trennungsgeld ist in der Trennungsgeldverordnung geregelt und soll den Mehraufwand mindern, der durch zwei Haushaltsführungen und ständiges Pendeln entsteht. Trennungsgeld wird exakt nach Tagen berechnet und muss daher für jeden Monat neu beantragt werden. Spätestens in der Steuererklärung führt das Trennungsgeld zur völligen Verzweiflung und war für mich der Grund, das erste Mal einen Steuerberater aufzusuchen.

Zum Vertiefen: Allen Beamten, die Anspruch auf Trennungsgeld haben, kann ich nur wärmstens empfehlen, die Trennungsgeldverordnung (TGV) und ihre zehn Paragrafen einmal komplett zu lesen. Im Zweifel nimmt Dich in Deiner Dienststelle nämlich niemand an die Hand und erklärt Dir, wie Du das beantragst. Und wenn ein netter Kollege mir nicht § 3 TGV ausgedruckt auf den Schreibtisch gelegt hätte, hätte ich bei meiner ersten Verwendung keine Dienstwohnung erhalten, sondern wäre monatelang täglich drei Stunden mit dem Auto gependelt. Ein Anruf bei der zuständigen Stelle ergab nämlich nur: „Hier bekommen Sie kein Trennungsgeld." Erst ein schriftlicher, formloser Antrag mit Hinweis auf § 3 TGV sowie einer von Google berechneten Wegstrecke führten zum Erfolg und ich durfte eine Dienstwohnung beziehen.

Ab in den Urlaub

Beamte haben natürlich Anspruch auf Urlaub. Zu unterscheiden sind drei Arten von Urlaub: Erholungsurlaub, Sonderurlaub und Beurlaubung ohne Besoldung. Der Erholungsurlaub wird durch Rechtsverordnung geregelt und ist im § 89 Bundesbeamtengesetz/§ 44 Beamtenstatusgesetz festgehalten. Im Normalfall haben Beamte Anspruch auf 30 Tage Urlaub im Jahr. Diese Zahl variiert aber und wird stets individuell festgelegt, abhängig vom Diensteintritt, Teilzeitmodellen, Alter, Besoldungsgruppe, Elternzeiten etc. Nicht genommener Urlaub kann ins nächste Jahr mitgenommen werden und verfällt – entgegen vielfach vertretener Meinung – nicht. Zumindest nicht sofort, § 7 der Erholungsurlaubsverordnung legt fest: „Vorbehaltlich des Absatzes 3 verfällt Urlaub, der nicht innerhalb von zwölf Monaten nach dem Ende des Urlaubsjahres in Anspruch genommen worden ist." Du hast also ein Jahr Zeit, Deinen Urlaub aus dem letzten Jahr im Folgejahr abzubauen. Eine Auszahlung in Form von Besoldung ist nicht möglich.

Sonderurlaub

Sonderurlaub kann für eine Vielzahl von Anlässen gewährt werden. Er muss beantragt werden und kann dementsprechend abgelehnt werden. Die Sonderurlaubsverordnung regelt alle Einzelheiten für Bundesbeamte und Richter im Bundesdienst. Es sei an dieser Stelle empfohlen, sich die 22 Paragrafen der Sonderurlaubsverordnung einfach mal durchzulesen. Oft sind Beamten nämlich die vielen Möglichkeiten für Sonderurlaub gar nicht bekannt. Landesbeamte müssen sich entsprechend ihrer Landesverordnungen informieren. Das macht das Ganze natürlich wieder etwas komplizierter, da alle 16 Bundesländer den Sonderurlaub etwas anders regeln. Aber auch hier gilt die Sonderurlaubsverordnung des Bundes als guter Einstieg! Landesbeamte sollten im zweiten Schritt in das jeweilige Landesbeamtengesetz schauen. Dort steht dann eine Verweisung zu Sonderurlaub. Viele Bundesländer verweisen zum Beispiel im Hinblick auf Bildungsurlaub auf das eigene Bildungsurlaubsgesetz oder ihr Bildungsfreistellungsgesetz. Außer Bayern und Sachsen – dort gibt es generell keinen Bildungsurlaub. Preußische und sächsische Staatsbedienstete gelten eben seit jeher als Vorbilder, die keine Verbesserung mehr benötigen.

Damit Sonderurlaub gewährt werden kann, müssen bestimmte Voraussetzungen vorliegen. Grundgedanke des Sonderurlaubs ist: Es gibt einen wichtigen Grund/Anlass, den der Beamte wahrnehmen muss und für diesen soll er bezahlt freigestellt werden. Diese Gründe reichen von Vereinstätigkeiten bis zur Pflege kranker Kinder und sind alle abschließend in der Sonderurlaubsverordnung geregelt. Der bezahlte Sonderurlaub ist daher die Regel. Die Möglichkeiten sind sehr vielfältig, zum Beispiel, weil man vorübergehend in der Verwaltung eines anderen Mitgliedsstaates der EU arbeiten möchte oder weil durch ein Studium ein Laufbahnaufstieg ermöglicht werden soll. Für Bildungs- und Fortbildungsmaßnahmen, Teilnahme an staatspolitischen Bildungsveranstaltungen oder zum Spracherwerb kann Sonderurlaub unter Fortzahlung der Besoldung gewährt werden. Voraussetzung: Die Fortbildung ist für die dienstliche Tätigkeit von Nutzen. Also mal schnell eine Sprachreise nach Barcelona buchen, obwohl man als Regierungshauptsekretär im Finanzamt nie ein Wörtchen Spanisch benötigt – das funktioniert leider (oft) nicht.

Ich hatte mich kurz nach dem Dienstantritt als Bundesbeamtin zu einer freiwilligen Prüfungswiederholung angemeldet und für den Tag Sonderurlaub beantragt, schließlich handelte es sich ja um eine Art „Fortbildung", die dem Dienstherrn zugutekommt. Mein Dienststellenleiter bestärkte mich darin, er fand meine Entscheidung, eine Notenverbesserung anzustreben, sehr respektabel. Nun, meine personalbearbeitende Dienstbehörde sah das anders. Eine verbesserte Note mache aus mir keine bessere Beamtin. Der Sonderurlaub wurde abgelehnt und ich musste einen ganz normalen Urlaubstag für die Prüfung verwenden. Einen Versuch war es wert!

Auch für Vereinstätigkeiten, kirchliche Tätigkeiten, Sportveranstaltungen und aus medizinischen Gründen (z. B. Mutter-Kind-Kur) kann bezahlter Sonderurlaub genehmigt werden. Für Eltern gut zu wissen: Es gibt auch Kind-Krank-Tage als Sonderurlaub. Die Aufzählung hier ist nicht abschließend.

Sonderurlaub ohne Besoldung ist die Ausnahme und soll nur dann gewährt werden, wenn ein Grund vorliegt, den das Gesetz nicht nennt.

Urlaub ohne Besoldung

Schließlich gibt es noch die Möglichkeit, Urlaub ohne Fortzahlung der Dienstbezüge aus familienbedingten Gründen zu nehmen. Das heißt: Man möchte sich um sein Kind kümmern (oder muss sich um einen pflegebedürftigen Angehörigen kümmern) und stellt die Arbeit daher zurück. Das darf man für maximal 15 Jahre tun, dann muss man in den Dienst zurückkehren. Die Beihilfe erhält man weiterhin.

Auch die Elternzeit (Beamte dürfen bis zu drei Jahre nehmen) stellt eine Beurlaubung ohne Besoldung dar.

Aber auch aus arbeitsmarktpolitischen Gründen kann man Urlaub ohne Besoldung beantragen. Das geht nur dann, wenn keine dienstlichen Belange entgegenstehen und wenn Du in einem Bereich mit Bewerberüberhang arbeitest. Die Beurlaubung dient nämlich der Einstellung von Arbeitsuchenden für die beurlaubte Person oder, in Bereichen mit einem Stellenüberhang, dem Stellenabbau. Während der Beurlaubung besteht kein Anspruch auf Beihilfe und Du darfst keine genehmigungspflichtige Nebentätigkeit ausüben.

Praxisstimme: Beate E., 58,
Diplom-Verwaltungswirtin in einer Berliner Behörde
Ich habe damals zu Ost-/Westzeiten direkt nach dem Abitur studiert und bin danach im Bezirksamt eingestiegen. Das Studium war dual aufgebaut und dauerte drei Jahre. Mit Beginn des Studiums wurde ich Beamtin auf Widerruf, mit 28 Jahren habe ich meine Lebenszeitverbeamtung erhalten. Früher war das so bei uns in Berlin geregelt, dass man unter 28 nicht auf Lebenszeit verbeamtet wurde. Ich habe dann geheiratet und Kinder bekommen und bin für insgesamt 19 Jahre familienbedingt aus dem Job ausgestiegen. Danach bin ich in Teilzeit mit 24 Stunden zurückgekehrt. Der Wiedereinstieg war natürlich nicht leicht, aber es gab viele Fortbildungen, an denen ich teilnehmen konnte und der Dienstherr hat wirklich alles getan, um mir den Wiedereinstieg zu ermöglichen. Daher ist für mich ganz klar: Der öffentliche Dienst ist ein familienfreundlicher Arbeitgeber. Nirgendwo sonst kann man so lange aus- und wieder einsteigen, hat keinen Stress, sich eine neue Arbeit zu suchen und weiß, es gibt immer eine Stelle, auf die ich zurückkehren kann. Als Beamter unterliegt man dafür natürlich einer gewissen Gehorsamspflicht gegenüber seinem Arbeitgeber, muss vielleicht auch Entscheidungen mittragen, die man persönlich anders machen würde. Das gehört eben dazu.

Längere Auszeit – Sabbatical

Als ich mit 24 Jahren durch das südliche Afrika reiste, begegnete mir im entlegensten Hostel in Zambia ein Lehrer-Ehepaar. Die beiden würden ein Sabbatical für ein Jahr machen, berichteten sie mir und ich dachte damals: Lehrer müsste man sein. Tatsächlich bin ich aber Anwältin geworden. Das ist aber im Hinblick auf das Sabbatical egal, denn mittlerweile können das alle Berufsgruppen wahrnehmen. Der Begriff Sabbatical kommt ursprünglich aus dem Hebräischen und bedeutet ausruhen. Heute ist damit eine berufliche Auszeit, oft mit einer Weltreise, verbunden. Für eine längere Auszeit im Dienst gibt es zwei Möglichkeiten. Im Jahr 2020 wurde die Arbeitszeitverordnung für Beschäftigte im öffentlichen Dienst geändert und sogenannte Langzeitarbeitskonten eingerichtet. Beamte können durch Mehrarbeit nun Stunden flexibel ansparen und zu einem späteren Zeitpunkt abbauen. Dieses Arbeitszeitkonto muss beantragt werden und existiert nicht automatisch. Dort können „Überstunden" geparkt werden und wenn genügend angesammelt sind, kann eine Auszeit von maximal drei Monaten genommen werden, im Ausnahmefall auch mehr. Da jede Dienststelle die Einzelheiten selbst regelt, sollte man sich bei Interesse an die für die Arbeitszeitverwaltung zuständige Stelle wenden.

Die andere Möglichkeit besteht darin, für einen gewissen Zeitraum weniger Bezüge zu beziehen (zum Beispiel nur 75 Prozent) und sich dann, je nachdem wie viel angespart wurde, komplett freistellen zu lassen, unter Fortzahlung von verringerten Bezügen. Dieses Vorgehen ist mit der personalbearbeitenden Stelle abzusprechen und wird für Landesbeamte von jedem Bundesland unterschiedlich geregelt. Man unterscheidet zwischen einer Arbeits- und einer Freistellungsphase. Die Freistellungsphase ist in fast allen Bundesländern auf ein Jahr beschränkt. Auch hier muss ein Antrag gestellt werden. Einen Anspruch auf ein Sabbatical gibt es nicht. Das heißt, wenn dienstliche Belange entgegenstehen, kann der Antrag abgelehnt werden. Der Beihilfeanspruch besteht über den gesamten Zeitraum, eine Verringerung des Krankenkassenbeitrags ist aber in der Regel nicht möglich. Ob du also ein Jahr mit 50 Prozent deiner Bezüge durchkommst, solltest du im Vorhinein berechnen.

Zum Vertiefen: Die § 7a bis 7c Arbeitszeitverordnung (Bund) erklären das Langzeitsarbeitskonto und wie es funktioniert. Außerdem sollten sich alle Beamten an ihre personalbearbeitende Stelle wenden und die Möglichkeiten und den Ablauf des Sabbaticals anfragen. Dieses ist nämlich Ländersache und damit in den Landesverordnungen und Landesgesetzen unterschiedlich geregelt.

Recht auf Mitgliedschaft in einer Gewerkschaft

Obwohl das Streikrecht für Beamte eingeschränkt ist, dürfen sie sich dennoch in Berufsverbänden und Gewerkschaften zusammenschließen. Das ist ausdrücklich im Bundesbeamtengesetz (§ 116 BBG) und Beamtenstatusgesetz (§ 52 BeamtStG) festgelegt und beruht auf Art. 9 des Grundgesetzes, wonach sich jeder einer Gewerkschaft anschließen, aber auch dieser fernbleiben darf. Der Deutsche Gewerkschaftsbund (DGB) ist das Dach der Gewerkschaften für Beamte. Hier sind laut Aussage des DGB 5,6 Millionen Mitglieder aus acht Gewerkschaften tätig.[35] Der DGB steht an der Spitze der Gewerkschaft der Polizei (GdP), der Gewerkschaft Erziehung und Wissenschaft, der Industriegewerkschaft Bauen und Umwelt (IG BAU), der Industriegewerkschaft Bergbau, Chemie, Energie (IG BCE), der Eisenbahn- und Verkehrsgewerkschaft (EVG) und der bekanntesten Gewerkschaft – der Vereinten Dienstleistungsgewerkschaft (Ver.di).

Rechte an der Personalakte

Die Personalakte spielt im Werdegang der Beamten eine wichtige Rolle. Sie bildet die Grundlage für personelle Entscheidungen. Über jeden Beamten wird eine solche Akte angelegt, dies kann in Papierform oder auch elektronisch geschehen. Die Personalakte soll die Entwicklung und den Werdegang des Beamten widerspiegeln und sämtliche hierfür relevanten Dokumente enthalten. Es liegt auf der Hand, dass hierbei auch für den Beamten ungünstige Daten aufgenommen werden können, wie zum Beispiel negative Beurteilungen. Daher stehen allen Beamten bestimmte Rechte an der Personalakte zu. Beamte dürfen Auskünfte zu ihrer Personalakte erhalten, sie dürfen in den Diensträumen der personalverwaltenden Stelle Einsicht in die Akte nehmen, sie dürfen Kopien erstellen und sogar beantragen, dass ihnen die Personalakte für einen bestimmten Zeitraum überlassen wird. Eine Verweigerung dieses Auskunftsrechts ist nur zulässig, wenn es um Daten Dritter geht und diese aus Datenschutzgründen nicht offengelegt werden dürfen. Ansonsten steht allen Beamten und Mitarbeitenden im Öffentlichen Dienst ein vollständiges Auskunftsrecht zu, ebenso den Hinterbliebenen und beauftragten Anwälten.

Du hast außerdem das Recht der Gegendarstellung. Danach kannst Du zu einer negativen Stellungnahme/Wertung stets eine Gegendarstellung abgeben und auch diese wird in die Personalakte aufgenommen. Außerdem steht Dir ein Recht auf Anhörung zu. Zu allen Entscheidungen, die sich negativ auf Deine Laufbahn auswirken können, sollst Du angehört werden. Schließlich darf der Beamte nach dem Ausscheiden aus dem Dienst (oder nach dessen Tod die Angehörigen) vollständig Einsicht in die Personalakte nehmen. Es dürfen auch Kopien gefertigt werden.

Wichtig ist noch: Du hast ein Recht auf Entfernung von Unterlagen aus den Personalakten. Erweist sich zum Beispiel eine Behauptung als falsch, ist sie aus der Personalakte zu entfernen. Auch Rügen und Ermahnungen müssen auf Antrag des Beamten (daher ist es wichtig, dieses Recht zu kennen!) nach Ablauf der Tilgungsfrist von zwei Jahren aus der Personalakte entfernt werden.

Zum Vertiefen: Die §§ 106 ff. BBG regeln das Personalaktenrecht für Bundesbeamte. Der Antrag auf Entfernung von ungünstigen Unterlagen ist in § 112 BBG geregelt. Für Landesbeamte ist die Personalakte in § 50 BeamtStG genannt, Einzelheiten regeln Landesvorschriften. Es empfiehlt sich, diese Vorschriften einmal durchzulesen, wenn man sich mit der Personalakte beschäftigt. Die §§ 110 bis 111a Bundesbeamtengesetz, § 3 Abs. 5 Tarifvertrag für den Öffentlichen Dienst (TVöD) regeln das Recht über Einsicht und Auskunft in und aus den Personalakten.

Aufbau der Personalakte

Welche Dokumente genau gelangen in die Personalakte? Wird dort jede einzelne E-Mail an den Chef oder die Personaler gespeichert? Nein. Die Personalakte folgt abhängig von der jeweiligen Behörde immer dem gleichen Aufbau. Da sie nicht einsehbar ist, außer für die personalbearbeitenden Personen, lässt sich nicht pauschal sagen, was genau in welcher Reihenfolge drinsteht. Allgemein lässt sich aber sagen: Sämtliche Dokumente, die für den beamtenrechtlichen Werdegang Relevanz besitzen, gelangen in die Personalakte. So oder so ähnlich sieht es aus: Zu Beginn finden sich alle Einstellungsunterlagen in der Personalakte. Diese umfassen sämtliche lückenlose Nachweise über die Zeiträume vom

Schulabschluss bis zur Bewerbung auf den Dienstposten einschließlich aller relevanter privater Ereignisse. Das bedeutet: der gegebenenfalls automatisierte Bewerbungsbogen, das Anschreiben, der Lebenslauf, alle relevanten Zeugnisse, alle Nachweise über Zeiten der Arbeitslosigkeit, Ausbildungen, Studien, Fortbildungen etc., Geburtsurkunden, Heiratsurkunde – kurz: Der gesamte persönliche und berufliche Werdegang bis zum Eintritt in das Beamtenverhältnis wird hier abgeheftet.

Danach folgen alle Dokumente über die beamtenrechtliche Laufbahn: die Berufungsurkunde, Beförderungen, Versetzungen, Feststellungen über das Dienstzeitende, stattgefundene Personalgespräche etc. Im nächsten Teil werden eventuelle Dienstzeugnisse (zum Beispiel über Sprachprüfungen) und Beurteilungen verwahrt. Schließlich finden sich noch alle Unterlagen im Zusammenhang mit den Dienstbezügen, Bankverbindungen, Elternzeiten, amtsärztliche Untersuchungen und alle sonstigen relevanten Dokumente, z. B. Versetzungsanträge oder erteilte Belehrungen in der Akte.

Recht auf Nebentätigkeit

Das Recht, zusätzlich zur Haupttätigkeit einen Nebenjob auszuüben, nennt sich das Recht auf Nebentätigkeit und ist im Ganzen ziemlich komplex. Geregelt ist es in den §§ 97 ff. BBG/§ 40 BeamtStG. Allein die Einzelheiten des Nebentätigkeitsrechts könnten ein ganzes Buch füllen, daher beschränke ich mich hier auf das Wesentliche und gebe Hinweise zum Weiterlesen und Vertiefen.

Grundsätzlich gilt: Auch Beamte dürfen eine Nebentätigkeit ausüben. Wenn Du also Lust und Muße hast, nach der üblichen Wochenarbeitszeit noch freiwillig am Nachmittag, Abend oder Wochenende zu kellnern oder ein Unternehmen aufzubauen, dann geht das in keinem Fall an Deinem Dienstherrn vorbei. Hierbei ist jedoch genau zu schauen, welche Art der Tätigkeit Du ausüben möchtest. Es gibt genehmigungsfreie, die dem Dienstherrn nur angezeigt werden müssen und solche, die einer Genehmigung durch den Dienstherrn unterliegen. Achtung: Das Ausüben einer genehmigungspflichtigen Tätigkeit ohne Genehmigung durch den Dienstherrn stellt ein Dienstvergehen dar! Dazu zählt jede genehmigungspflichtige Tätigkeit, auch solche, bei denen (noch) keine Vergütung gezahlt wird. Steht die Tätigkeit im Konflikt mit Deinen dienstlichen Interessen, wird die Genehmigung versagt werden. Ein Regierungsrat des Verfassungsschutzes wird zum Beispiel mit ziemlicher Sicherheit nicht nebenbei bei der BILD-Zeitung arbeiten dürfen und die Inspektorin im Jobcenter wird nicht im sozialen Betreuungsbüro tätig werden können.

Genehmigungsfreie Tätigkeiten

Keine Sorge. Nur, weil Du jetzt verbeamtest bist, bedeutet das nicht, dass Dir außerhalb des Dienstes die Hände gebunden sind. Eine genehmigungsfreie Tätigkeit übt die Verfasserin dieses Buches aus – die schriftstellerische. Neben der schriftstellerischen sind wissenschaftliche und künstlerische Tätigkeiten genehmigungsfrei. Außerdem dürfen Beamte ihr Vermögen frei verwalten, das bedeutet zum Beispiel, Einkünfte aus Vermietung/Verpachtung unterliegen keiner Genehmigungspflicht, ebenso das Einbringen in Gewerkschaften oder Berufsverbänden, Lehrtätigkeiten an Hochschulen oder Vortragstätigkeiten. Diese Tätigkeiten müssen dem Dienstherrn jedoch angezeigt werden. Ob es hierfür Formulare gibt oder eine einfache E-Mail ausreicht, erfährst Du von deinem Vorgesetzten oder der zuständigen personalbearbeitenden Stelle. Letzterer muss die Tätigkeit auf jeden Fall angezeigt werden, denn die Anzeige wandert in Deine Personalakte. Mitzuteilen sind Art und Umfang sowie die zu erwartende Vergütung.

Genehmigungspflichtige Tätigkeiten

Für jede andere Beschäftigung bedarf es einer schriftlichen Genehmigung des Dienstherrn. Warum ist das so? Weil Du nicht unbegrenzt das Wochenende durcharbeiten und nicht unbegrenzt als Beamter dazuverdienen darfst. Hier gelten starre Regeln. So soll die Nebentätigkeit die wöchentliche Arbeitszeit nicht um mehr als ein Fünftel überschreiten. Das bedeutet zum Beispiel: Wer in Teilzeit wechselt, um drei Tage die Woche Dienst zu leisten, um zwei Tage in der freien Wirtschaft zu arbeiten, wird mit dieser Idee eher scheitern. Wenn die wöchentliche Arbeitszeit nämlich nur 25 Stunden beträgt, darf noch maximal fünf Stunden woanders gearbeitet werden. Bei einer 40-Stunden-Woche sind es acht Stunden usw. Aber auch der Verdienst ist begrenzt und soll 40 Prozent des jährlichen Endgrundgehalts nicht übersteigen. In Ausnahmefällen kann eine solche Tätigkeit trotzdem genehmigt werden, das hängt immer von den Umständen des Einzelfalls ab. Die Genehmigung wird stets befristet erteilt und kann mit einer Auflage oder Bedingung verbunden sein. Je nachdem, wie komplex die Dienststelle ist, kann es sein, dass das Nebentätigkeitsrecht durch eine interne Verordnung oder Dienstvorschrift konkretisiert worden ist.

Zum Weiterlesen und Vertiefen: §§ 97, 98, 99, 100 Bundesbeamtengesetz oder § 40 Beamtenstatusgesetz in Verbindung mit den Vorschriften und Regelungen des Landes und der Dienststelle.

Immer weiter auf der Leiter – wie geht Karriere für Beamte?

Karriere im öffentlichen Dienst verläuft anders als in der Privatwirtschaft. Beförderungen laufen oft nach starren Fristen und Mindestdienstzeiten. Schnell verläuft hier in der Regel gar nichts. Das Gehalt ist gesetzlich festgelegt und kann nicht individuell verhandelt werden. Bonuszahlungen oder Provisionen für besonders fleißige Beamte gibt es in der Regel nicht und der faule Regierungsrat erhält genau dasselbe Gehalt wie der übereifrige (Ausnahme: Leistungsprämien). Höhere Dienstposten werden nach dem Prinzip der Bestenauslese vergeben und können bzw. müssen beklagt werden, sofern man als Bewerber unterliegt. Und wenn es schlichtweg haushaltsrechtlich keine verfügbaren Dienstposten gibt, dann kann man auch nicht befördert werden.

Anerkennung besonderer Leistungen

Gesetzlich gibt es zwar die Möglichkeit, herausragende Leistungen mit einer sogenannten Leistungsprämie zu belohnen, diese kommt aber eher selten zur Anwendung. Für Bundesbeamte sind diese Prämien in der Verordnung über die Gewährung von Prämien und Zulagen für besondere Leistungen geregelt. Da die gesamte Verordnung nur sechs Paragrafen umfasst, lohnt es sich bei Interesse durchaus, einen Blick hineinzuwerfen. Die Länder haben hierüber entweder eigene Regelungen getroffen oder sehen schlichtweg keine solchen Prämien vor. Berlin hat zum Beispiel eine eigene Verordnung über Leistungsprämien geschaffen. Die entscheidende Frage ist natürlich: Wann kannst Du eine solche Prämie erhalten?

Vorgesehen ist sie bei Belohnung einer besonderen Einzelleistung in Form der Leistungsprämienzahlung. Bei andauernd erbrachter herausragender Leistung kann eine Leistungszulage gewährt werden. Da die Länder das Prämienwesen selbstständig regeln können, ist mal wieder das Bundesland Bayern auf eine tolle Idee gekommen: Um den Fachkräftemangel im Lehrerwesen zu stoppen, könne man Lehrer doch mit einer Leistungsprämie nach Bayern locken. Eine Regionalprämie von 3.000 Euro will der dortige Kultusminister Michael Piazolo ab sofort für diejenigen anbieten, die mindestens zwei Jahre im Lehrerdienst in Bayern in einer „Prämienregion" tätig sind.[36]

Laufbahnprinzip – was ist das?

Der Begriff „Laufbahnprinzip" sagt Dir sicher etwas. Dahinter verbirgt sich die Karriereleiter für Beamte. Beamte können nicht einfach so blitzbefördert werden, weil sie sich durch besonders viele Überstunden beim Chef beliebt gemacht haben. Schön zu wissen: Sie können auch nicht herabgestuft werden, wenn sie im Büro regelmäßig einschlafen. Wenn das mal nicht verlockend klingt.

Das Aufsteigen auf der Karriereleiter ist gesetzlich genau geregelt und sogar im Grundgesetz verankert (Artikel 33 Absatz 5). Die Laufbahnen sind an Voraussetzungen wie Vorbildung, Verwendungen und Bewährung des Beamten gekoppelt. So soll sichergestellt werden, dass auch im öffentlichen Dienst hohe Posten nur mit leistungsfähigen Kräften besetzt werden und sich niemand durch Absitzen im Büro von selbst nach oben befördert. Auf Bundesebene unterscheidet man vier verschiedene Laufbahnen: den einfachen Dienst, den mittleren Dienst, den gehobenen

Dienst und den höheren Dienst. Daneben gibt es Sonderlaufbahnen für Polizisten und Soldaten. Innerhalb der Laufbahnen gibt es verschiedene Ämter mit unterschiedlichen Besoldungsgruppen, bei denen ein Aufstieg die Regel ist. Für Landesbeamte kann es zu Abweichungen kommen, da die Bundesländer die Laufbahnen ihrer Beamten selbstständig regeln und mit weniger Laufbahnen ausgestalten können. Dies hat jedoch keine Auswirkungen auf das grundsätzliche Laufbahnprinzip, da es innerhalb dieser Laufbahnen wiederum Aufstiegsmöglichkeiten gibt. Falls Du jetzt nicht mehr durchblickst, lass Dir versichern: So kompliziert ist es gar nicht. Je nachdem, welchen Abschluss und welche berufliche Vorerfahrung Du besitzt, wirst Du bei der Bewerbung im öffentlichen Dienst einer Laufbahngruppe und innerhalb dieser Laufbahngruppe einer Besoldungsstufe zugewiesen. Das nennt sich „Laufbahnbefähigung".

Die vier Laufbahnen des Bundes und ihre Voraussetzungen

Der einfache Dienst

Die unterste Laufbahngruppe ist der einfache Dienst. Man unterscheidet hier den technischen und den nichttechnischen Dienst. Zum technischen Dienst zählen zum Beispiel Post, Bahn oder Telekommunikation – Relikte aus vergangenen Zeiten. Zum nichttechnischen Dienst zählen Zoll, Bundeswehr und die allgemeine Verwaltung. Wer sich im einfachen Dienst um ein Amt bewirbt, muss über einen Hauptschulabschluss und eine abgeschlossene Berufsausbildung oder einen abgeschlossenen Vorbereitungsdienst verfügen. Im einfachen Dienst wird von A3 bis A6 besoldet. Aufgrund der Privatisierung von Banken, Bahn und Post ist vom einfachen Dienst heute jedoch nicht mehr viel übriggeblieben. Daher finden sich Beamte im einfachen Dienst fast ausschließlich im Justizdienst. Gab es früher noch so ehrenwerte Berufsbezeichnungen wie Nachtschaffner (schick uniformierte Schaffner, die in Nachtzügen kontrollierten), sind solche Berufe heute ebenso weggefallen wie die schönen Nachtzüge. Das Bruttogehalt für den einfachen Dienst liegt zwischen 2.300,00 und 3.000,00 Euro (ohne Zulagen).

Der mittlere Dienst

Auch für den Einstieg in den mittleren Dienst sind Schul- und Ausbildungsabschluss eine Voraussetzung. Der mittlere Dienst umfasst die Besoldungsstufen A5 bis A9 und fünf Dienstarten: den nichttechnischen und technischen Verwaltungsdienst, den naturwissenschaftlichen Dienst, den sprach- und kulturwissenschaftlichen Dienst und den agrar-, forst- und ernährungswissenschaftlichen Dienst. In all diesen Bereichen gibt es die Möglichkeit, im mittleren Dienst verbeamtet zu werden. Hierzu zählen zum Beispiel Polizeimeister (A7) oder Regierungssekretäre (A6). Das Bruttogehalt für den mittleren Dienst liegt zwischen 2.400,00 und 3.800,00 Euro (ohne Zulagen).

Der gehobene Dienst

Es finden sich hier dieselben fünf Dienste wie im mittleren Dienst und zusätzlich drei weitere: der gesundheitswissenschaftliche, den sportwissenschaftliche und kunstwissenschaftliche Dienst. Für den gehobenen Dienst benötigst Du einen Bachelorabschluss. Es gibt jedoch auch eigens vom Bund entworfene Studiengänge an der Fachhochschule für die öffentliche Verwaltung. Das Besondere hieran: Zugang zu diesen Studiengängen ist auch ohne Hochschulreife möglich. Die Ausbildung bei der Polizei und Justizverwaltung erfolgt zum Beispiel über die Fachhochschule der öffentlichen Verwaltung. Der gehobene Dienst umfasst die Besoldungsstufen A9 bis A13. Eine Grundschullehrerin steigt in den gehobenen Dienst mit A12 ein, ein Polizeikommissar mit A9. Der aufmerksame Leser wird hier bemerkt haben, dass die Besoldungsstufe A9 bereits im mittleren Dienst vorkommt. Wie kann das sein? Die Stufe A9 ist sowohl die Endstufe des mittleren Dienstes als auch die Eingangsstufe des gehobenen nichttechnischen Verwaltungsdienstes. Das Bruttogehalt für den gehobenen Dienst liegt zwischen 2.900,00 und 5.900,00 Euro (ohne Zulagen).

> ***Praxisstimme: Daniele R., 33, Polizeioberkommissar in Berlin***
> *Ich habe erst eine Ausbildung zum Fremdsprachenkorrespondenten gemacht, bevor ich mich für den Einstieg bei der Polizei entschied. Die Ausbildung im mittleren Dienst dauert normalerweise zweieinhalb Jahre, ich konnte aber einen sogenannten internen Aufstieg*

machen. Das hieß damals in Berlin „Wunderkerze", so dass ich mit Empfehlung des Chefs und guten Noten zum Studium konnte. Ich habe also nochmal drei Jahre studiert und war da bereits Beamter auf Widerruf. Danach wurde ich zum Polizeikommissar ernannt und nach weiteren drei Jahren auf Lebenszeit verbeamtet. Beförderungen sind noch drin, ich kann Hauptkommissar (A11) werden. Danach wird es schwieriger, zur Führungskraft schafft man es nur über weitere Fortbildungen. Ich arbeite in Vollzeit, das heißt in Berlin 41,5 Stunden, was ich schon echt viel finde. In Italien, meinem Herkunftsland, zum Beispiel arbeiten Beamte in Vollzeit 37 Stunden. Ich stelle mir auch öfter die Frage, ob mein Gehalt für die Tätigkeit und Belastung hier angemessen ist und habe manchmal das Gefühl, etwas unterbezahlt zu sein. Und klar gibt es einiges zu ändern an der Arbeit, Berlin hat die Polizei die letzten Jahre stark vernachlässigt, was Modernisierungsprozesse betrifft. Wenn ich konkret was ändern könnte, wäre es eine Reduzierung der Stunden.

Der höhere Dienst

Der höhere Dienst ist die höchste Laufbahngruppe im deutschen Beamtentum. Beamte im höheren Dienst erhalten ein überdurchschnittlich gutes Gehalt. Der höhere Dienst umfasst den tierärztlichen Dienst, ansonsten finden sich hier auch alle Dienste des gehobenen Dienstes. Voraussetzung für den Direkteinstieg ist ein Masterabschluss, Diplom oder Staatsexamen und der Abschluss eines entsprechenden Vorbereitungsdienstes. Für Lehrer und Juristen ist das das Referendariat, welches mit dem zweiten Staatsexamen abschließt. Aber auch wer über langjährige Erfahrung im gehobenen Dienst verfügt, kann sich auf sogenannte Aufstiegsstellen im höheren Dienst bewerben. Der höhere Dienst umfasst die Besoldungsstufen A13 bis A16. Außerdem gibt es hier noch höhere Besoldungen in den Stufen B1 bis B11 und R1 bis R9 für Staatsanwälte und Richter sowie C und W für Personal an Universitäten. Das Bruttogehalt für den höheren Dienst der A-Besoldung liegt zwischen 4.500,00 und 8.000,00 Euro (ohne Zulagen).

Die Laufbahnen der Länder

Seit der Föderalismusreform 2006 dürfen die Länder das Recht ihrer Beamten selbst ausgestalten. Daher folgt hier ein kurzer Überblick, welches System in Deinem Bundesland existiert, sofern Du in den Landesdienst einsteigen möchtest. Die Laufbahnen des Bundes werden danach erläutert.

Baden-Württemberg
dreigliedriges Laufbahnsystem (der einfache Dienst ist hier weggefallen)

Bayern
keine Laufbahnen mehr, jedoch verschiedene Einstiegsämter

Berlin
zweigliedriges Laufbahnsystem (einfacher und mittlerer sowie höherer und gehobener Dienst wurden zusammengefasst)

Brandenburg
viergliedriges Laufbahnsystem

Bremen
zweigliedriges Laufbahnsystem (einfacher und mittlerer sowie höherer und gehobener Dienst wurden zusammengefasst)

Hamburg
zweigliedriges Laufbahnsystem (einfacher und mittlerer sowie höherer und gehobener Dienst wurden zusammengefasst)

Hessen
dreigliedriges Laufbahnsystem

Mecklenburg-Vorpommern
zweigliedriges Laufbahnsystem (einfacher und mittlerer sowie höherer und gehobener Dienst wurden zusammengefasst)

Niedersachen
zweigliedriges Laufbahnsystem (einfacher und mittlerer sowie höherer und gehobener Dienst wurden zusammengefasst)

Nordrhein-Westfalen
zweigliedriges Laufbahnsystem (einfacher und mittlerer sowie höherer und gehobener Dienst wurden zusammengefasst)

Rheinland-Pfalz
keine Laufbahnen mehr, jedoch verschiedene Einstiegsämter

Saarland
viergliedriges Laufbahnsystem

Sachsen
zweigliedriges Laufbahnsystem (einfacher und mittlerer sowie höherer und gehobener Dienst wurden zusammengefasst)

Sachsen-Anhalt
zweigliedriges Laufbahnsystem (einfacher und mittlerer sowie höherer und gehobener Dienst wurden zusammengefasst)

Schleswig-Holstein
zweigliedriges Laufbahnsystem (einfacher und mittlerer sowie höherer und gehobener Dienst wurden zusammengefasst)

Thüringen
dreigliedriges Laufbahnsystem (der einfache Dienst ist hier weggefallen)

Exkurs: Das duale Studium der öffentlichen Verwaltung

Wer sich für die Tätigkeit in der Verwaltung interessiert, sollte sich über die Möglichkeit des dualen Studiums informieren. Da es Verwaltung in jeder Stadt gibt, kann man sich quasi überall bewerben. Das Studium umfasst sehr viel Rechtswissenschaft, ist aber nicht mit einem Jurastudium zu vergleichen. Denn auch sozial- und politikwissenschaftliche Inhalte werden vermittelt. Wer also in die Richtung liebäugelt, jedoch von zwei juristischen Staatsexamina abgeschreckt wird, könnte hier seine Berufung finden. Die „Goodies" des dualen Studiums liegen auf der Hand: eine bundeslandabhängige Vergütung, 30 Tage Urlaub und eine hohe Übernahmewahrscheinlichkeit. Zum Vergleich: München zahlt im ersten Studienjahr 1.730 Euro brutto, Berlin 1.400 Euro plus ein zusätzliches Weihnachtsgeld und ein Semesterticket. Das ist von Bundesland zu Bundesland verschieden. Das Studium dauert drei Jahre und beinhaltet Recht, Politik und Wirtschaftslehre. Praktische Phasen und Phasen an der Uni wechseln sich ab. In den praktischen Phasen durchläuft man meist alle Verwaltungsstellen der Stadt, um überall mal hineinzuschnuppern und die Arbeit kennenzulernen. Zum Vergleich: in München sind das 14 Stadtreferate, in Berlin 12 Bezirksverwaltungen. In der Regel schließt das Studium mit dem Bachelor ab.

Praxisstimme: Lisa M., 25,
Studentin der öffentlichen Verwaltung in Berlin
Ich studiere dual öffentliche Verwaltung, zuvor habe ich eine Ausbildung zur Verwaltungsfachangestellten absolviert und drei Jahre beim Jugendamt als Tarifbeschäftigte gearbeitet. Das Studium gefällt mir, die Inhalte sind gut, aber auch anspruchsvoll. Zum Beispiel mache ich aktuell ein Praktikum in der Bezirksverwaltung und werde wie eine vollwertige Arbeitskraft behandelt. Nach der 40-Stunden-Arbeitswoche habe ich aber noch Unikurse zu absolvieren. Aktuell bin ich noch als Tarifbeschäftigte eingestuft, nach dem Studium kann ich aber als Beamtin auf der Besoldungsstufe A9 beginnen. Nicht alle meine Kommilitonen möchten das. Ich aber schon. Ich sehe an meiner Mutter, die ebenfalls Beamtin ist, wie gut sie abgesichert ist auch im Alter oder Krankheitsfall oder eben bei Familienauszeiten. Man muss sich keine Sorgen machen, dass man seinen Job verliert oder sich was Neues suchen. Klar, als Beamtin bin ich weisungsgebunden und nicht mehr so frei. Aber das wäre ich als Angestellte ja auch. Wirklich frei ist man doch nur in der Selbstständigkeit. Leider muss ich sagen, ist es aktuell in der Berliner Verwaltung sehr viel Arbeit, zu wenig Personal und naja, über die Ausstattung muss ich wohl gar nicht erst reden.

Aufstieg in der Laufbahngruppe

Eine Frage, die sich Beamte im mittleren und gehobenen Dienst irgendwann stellen, ist: Wie komme ich in die höhere Laufbahngruppe? Geht das überhaupt? Die gute Nachricht: Ja, es geht. Die schlechte: Das ist nicht so leicht.

Für Beamte im mittleren Dienst gibt es mehrere Möglichkeiten, in den gehobenen Dienst zu gelangen. Du hast nach dem Abitur eine Ausbildung beim Finanzamt gemacht (oder planst, diese zu durchlaufen) und fragst Dich nach ein paar Jahren, ob A9 wirklich das Ende der Karriereleiter ist? Für den gehobenen Dienst ist ein Studium zwingende Voraussetzung. Du benötigst einen Bachelorabschluss. Wer jedoch bereits Vorkenntnisse im mittleren Dienst und mehrjährige Arbeitserfahrung hat, kann ein Studium in der öffentlichen Verwaltung absolvieren, und zwar verkürzt. Dein Dienstherr muss Dich natürlich gehen lassen mit der Intention, nach Deinem Studium einen besser ausgebildeten Beamten zurückzuerhalten. Beamte, die über viele Jahre Arbeitserfahrung im mittleren Dienst verfügen und positive Beurteilungen erhalten haben, können durch die Teilnahme an Seminaren und Kursen die Qualifikation für den gehobenen Dienst auch ohne Studium erwerben. Das gilt auch für Beamte mit langjähriger Erfahrung im gehobenen Dienst. Diese Aufstiegsmöglichkeit nennt sich die sogenannte modulare Qualifizierung und umfasst die Teilnahme an verschiedenen Schulungen, die jedes Bundesland anders regeln kann. Allerdings siehst Du schon: Leicht wird es nicht. Ein Abitur plus die Zustimmung Deines Dienstherrn ist zwingende Voraussetzung.

Beamte, die in die oberen Stufen des gehobenen Dienstes eingestuft werden (zum Beispiel Lehrer mit den Besoldungsstufen A12 oder A13), können sich nach mehrjähriger Tätigkeit auch auf Aufstiegsstellen im höheren Dienst bewerben. Ein Aufstieg innerhalb des gehobenen Dienstes ist möglich, wenn Stellen ausgeschrieben sind.

Um direkt in den höheren Dienst zu gelangen, benötigst Du einen Masterabschluss (oder einen Abschluss auf vergleichbarere Ebene) und Du musst in den allermeisten Fällen einen Vorbereitungsdienst absolvieren (Referendariat für Lehrer und Juristen). Gymnasiallehrer, Polizeidirektoren, Verwaltungsdirektoren – sie arbeiten alle im höheren Dienst. Wer im höheren Dienst einsteigt, ist schon weit oben auf der Karriereleiter. Daher sind weitere Aufstiegchancen meist begrenzt. Es müssen zudem Stellen ausgeschrieben sein, auf die man sich bewerben kann! Und dann ist man nicht unbedingt der einzige Bewerber. Eine Möglichkeit, die Stelle zu ergattern, stellt die sogenannte Konkurrentenklage dar.

Praxisstimme: Saskia D., 31, Diplom-Finanzwirtin in Berlin
Ich arbeite beim Finanzamt und habe auch direkt über die Finanzbehörde dual studiert. Das Studium dauerte drei Jahre und war sehr wirtschaftsrechtslastig. Zuvor hatte ich Jura studiert, das aber nach zwei Jahren aufgegeben. Während des Studiums war ich drei Jahre auf Widerruf verbeamtet, danach noch drei Jahre auf Probe. Jetzt bekomme ich nach fast sieben Jahren im Öffentlichen Dienst meine Lebenszeitverbeamtung. Eingestuft bin ich auf A9. In der Probezeit kann man sich nicht auf eine höhere Stelle bewerben und Beförderungen gehen bei uns sehr schleppend voran. Wenn ich jetzt die A10 möchte, müsste ich zum Personalrat gehen und das anregen, dann muss geschaut werden, ob irgendwo eine A10 ausgeschrieben ist, auf die ich mich bewerben kann. Klar, die Erfahrungsstufen erhalte ich automatisch. Aber verglichen mit dem, was ich in der freien Wirtschaft verdienen könnte, finde ich mein Gehalt doch etwas gering. Trotzdem bin ich insgesamt sehr zufrieden. Ich habe ein sicheres Gehalt und flexible Arbeitszeiten, kann im Homeoffice arbeiten und das eine Jahr Elternzeit und der Wiedereinstieg in Teilzeit mit 32 Wochenstunden waren auch kein Problem. Diese Familienfreundlichkeit ist echt ein Vorteil im Öffentlichen Dienst, so kann ich den Alltag mit Beruf und Kleinkind gut managen.

Exkurs: Konkurrentenklage

In der Praxis sind die Einzelheiten dieser Klage sehr komplex. Das Thema sei deshalb nur der Vollständigkeit halber erwähnt. Was verbirgt sich hinter diesem Wortungetüm? Höhere Dienstposten sind begrenzt und werden nach haushaltsrechtlichen Vorgaben geschaffen. Das heißt: Du wirst eingestellt und kannst irgendwann nicht mehr wunschgemäß aufsteigen, weil es schlichtweg nicht genügend Dienstposten gibt. Auf einen höheren Dienstposten kommen also zu viele geeignete Bewerber. Was tun, wenn der Konkurrent den Posten bekommt? Es gibt die Möglichkeit, gegen den Konkurrenten zu klagen mit dem Ziel, dass man selbst den Posten erhält Eine andere Möglichkeit der Konkurrentenklage: Dir wurde die Einstellung verwehrt, da jemand anderes bevorzugt wurde.

Auch hier kannst Du mit der Begründung klagen, du seist der am besten geeignetste Bewerber. Zur Erinnerung: Im Öffentlichen Dienst gilt das Prinzip der Bestenauslese. Das heißt, der Dienstherr muss denjenigen Bewerber einstellen, der nach Eignung, Befähigung und fachlicher Leistung am positivsten heraussticht. Da diese Kriterien aber nicht immer ganz objektiv zu bewerten sind, kann Streit entstehen. Der unterlegene Kandidat möchte die Entscheidung dann vom Gericht geklärt haben. Der Dienstherr, der um die Problematik und drohenden Klagen weiß, muss den erfolglosen Bewerbern die Möglichkeit geben, die Gründe für die Auswahl nachvollziehen zu können. Die Entscheidung muss also begründet und verschriftlicht werden und dem „Verlierer" zur Verfügung gestellt werden. Der findet darin meist einen Angriffspunkt für seine Klage. Die Klageverfahren sind lang und aufwendig und blockieren die Besetzung des Postens. Konkurrentenklagen führen unter Kollegen auch nicht unbedingt zur Steigerung der Beliebtheit. Denn: Niemand erhält den Zuschlag, solange das Gericht nicht entschieden hat. Die Auswirkungen für die Arbeit sind immens. Klagewellen führen zur Nichtbesetzung von zahlreichen Dienstposten, Arbeit bleibt liegen. 2015 titelte die LTO gar, an drei von fünf Bundesgerichten legen Konkurrentenklagen die Besetzung lahm,[37] denn die Richterposten blieben unbesetzt, bis über die Klage entschieden war. Für ein Bundesgericht mit hoher Auslastung hieß das: Die Verfahren stauten sich an. Doch die Konkurrentenklagen legen nicht nur die Arbeit deutscher Gerichte lahm. Alle Behörden können betroffen sein: Ob Schulleiterposten oder Generalstaatsanwalt – die Klagen können die Besetzung jahrelang blockieren. Hat das Gericht entschieden, bedeutet das nicht, dass man den Posten gewonnen hat. Nein – dann muss das gesamte Auswahlverfahren von vorne wiederholt werden. Effizientere Lösungsvorschläge? – Bis heute leider Fehlanzeige.

Möglichkeiten der Entwicklung

Die Möglichkeiten der Entwicklung eines Beamten, also die Möglichkeiten seiner Verwendung, sind von zwei Seiten zu betrachten. Zum einen aus Sicht des Beamten; aus dieser Sicht möchte man (vielleicht) nicht jahrelang im selben Büro hocken, man möchte verschiedene Bereiche kennen lernen, neue Aufgaben erhalten und sich weiterentwickeln. Vielleicht möchte man aber genau das auch nicht, sondern man möchte: Mit 20 einer Dienststelle zugewiesen werden, auf dieser Dienststelle seine Laufbahn beenden und dann seinen ruhigen Dienst tun, bis zur Pension.

Die andere Sicht ist die des Dienstherrn bzw. des Staates. Der Staat möchte sein Personal effizient einsetzen. Er möchte geschulte Mitarbeiter und wie beim Puzzeln am besten für jeden Dienstposten den perfekt passenden Beamten. Da viele Dienstposten Erfahrungen und Vorverwendungen verlangen, hat der Staat ein Interesse daran, seine Diener wie Spielfiguren einzusammeln und auf die Felder zu setzen, auf denen sie das nötige Know-how erlernen, bevor er sie abzieht und aufs nächste Feld setzt. Für viele mag das beängstigend klingen. Der Dienstherr kann mich jederzeit abordnen oder versetzen – das heißt dann, ich muss meine Koffer packen und umziehen?

Für den Leser gilt an dieser Stelle: Wie schaffe ich es, beide Sichtweisen optimal zu vereinen? Welche Möglichkeiten des Ämterwechsels gibt es überhaupt, wie kann ich selbst aktiv dazu beitragen oder eine solche auch verhindern? Darüber soll das folgende Kapitel Aufschluss geben.

Das Personalentwicklungsgespräch

Im Laufe Deiner Beamtenkarriere stellst Du Dir vielleicht die Frage: Welche Möglichkeit habe ich, mich woanders einsetzen zu lassen? Ist diese eingeschlagene Karriere das Richtige für mich? Was entspricht meinen tatsächlichen beruflichen Interessen? Wie kann ich Familie und Beruf besser vereinbaren? Das Personalentwicklungsgespräch dient dazu, solche und weitere Fragen zu klären (auch Kooperationsgespräch genannt). Es ist als beidseitiges kooperatives Gespräch zu verstehen und gibt dem Beamten die Chance, sich aktiv entsprechend seinen Vorstellungen einzubringen.

Einige Behörden sehen zum Ablauf der Probezeit automatisch ein Personalentwicklungsgespräch vor. Je nachdem wie komplex die Dienststelle gehalten ist, muss man dafür auch mal auf Dienstreise gehen und sich den Personalern direkt vorstellen. Ein solches Gespräch ist aber auch auf Wunsch des Beamten oder aufgrund sonstiger Veranlassung möglich. Es kann zum Beispiel vorkommen, dass der Vorgesetzte feststellt, eine neu eingestellte Beamtin passt nicht so recht zu der ihr zugewiesenen Stelle. Er kann dann ein Personalentwicklungsgespräch über mögliche andere Verwendungen anregen. Oder man kehrt gerade aus der Elternzeit zurück. Auch dann kann ein solches Gespräch hilfreich sein. Das Gespräch dient dabei beiden Seiten: Der Dienstherr möchte das volle Potenzial seines Beamten nutzen, der Beamte möchte entsprechend seinen Interessen und Wünschen tätig werden. Hat man das Gefühl, der Dienstposten ist so gar nicht das Richtige, dann sollte man mit der Bitte um ein Personalentwicklungsgespräch an seinen Vorgesetzten herantreten. Die moderne Verwaltung geht von einem motivierten Mitarbeiter auf Augenhöhe aus, der sich selbstständig für seine Belange einsetzt. Demgegenüber ist sie auch gerne bereit, berufliche Wünsche zu erfüllen, sei es nur ein anderer Aufgabenbereich, ein anderer Dienstposten oder die Möglichkeit, im Homeoffice zu arbeiten. Wichtig ist: Es erfordert oft ein gewisses Maß an Eigeninitiative! Gut zu wissen: Über das Personalgespräch wird ein Vermerk angefertigt, welcher dann zur Personalakte genommen wird. Wieso ist das wichtig? In § 38 Verwaltungsverfahrensgesetz (VwVfG) ist festgelegt, dass Zusagen, die eine Behörde trifft, nur dann verbindlich sind, wenn sie schriftlich festgehalten werden. Wird Dir also im Rahmen eines solchen Gesprächs eine neue Stelle angekündigt und dies nicht schriftlich vermerkt, gibt es keine Möglichkeit, die Versetzung dann auch rechtsgültig zu verlangen.

In dem Vermerk soll auch das Ergebnis des Gesprächs, die Wünsche des Beamten und die möglichen Verwendungsmöglichkeiten festgehalten werden. Eine Kopie des Vermerks wird Dir ausgehändigt.

Praxisstimme: Anna L., 33, Bundesbeamtin in Berlin
Ich habe Jura studiert und zunächst in einer Kanzlei gearbeitet, mich dann aber für eine Verbeamtung entschieden und wegbeworben. Ich verdiene etwa 4.100,00 Euro netto. Ich schätze an der Verbeamtung die lebenslange Sicherheit und die Work-Life-Balance, die so in einer Kanzlei nicht gegeben ist. Auch habe ich in meiner Position gute Aufstiegschancen, vor allem für Frauen, die Familie und Kinder planen, ist Teilzeit nämlich kein Hinderungsgrund, weiterzukommen.

Ich hatte zwei Verwendungen als Bundesbeamtin in zwei Regionen Deutschlands, bevor ich die Initiative ergriff und ein Personalentwicklungsgespräch wahrnahm. Hier habe ich der Personalerin quasi mein Herz ausgeschüttet und mitgeteilt, wie meine beruflichen Wünsche aussehen. Das Gespräch war erleichternd und befreiend und nun bin ich sehr zufrieden mit meiner neuen Stelle. Die Arbeit macht mir großen Spaß, auch wenn ich sehr ausgelastet bin. Allerdings kann ich meine Arbeitszeiten recht flexibel gestalten, so dass sich das mit dem Privatleben alles gut vereinen lässt. Der öffentliche Dienst legt natürlich noch sehr viel Wert auf starre Hierarchien, damit muss man zurechtkommen und das könnte noch optimiert werden.

Überblick über die Verwendungen von Beamten

Es gibt vier Möglichkeiten, die der Staat ergreifen kann. Die wichtigste und durch mediale Berichterstattung sicherlich bekannteste ist zugleich die einschneidendste: die Versetzung. Sie ist in § 28 Bundesbeamtengesetz/§ 15 Beamtenstatusgesetz geregelt. Versetzung bedeutet eine dauerhafte Übertragung eines neuen Amts bei einer neuen Dienststelle. Zum Beispiel: Beamtin A im Umweltministerium wird ins Ministerium der Finanzen versetzt.

Die abgeschwächte Version der Versetzung ist die Abordnung. Sie ist in § 27 Bundesbeamtengesetz/§ 14 Beamtenstatusgesetz geregelt. Abordnung bedeutet, man wird nur vorübergehend auf einer neuen Dienststelle eingesetzt. Ein Beispiel für die Abordnung eines Beamten wäre dieser Fall: S ist Beamter einer Stadtverwaltung mit Fachkenntnissen im Bereich Stadtplanung. Eine benachbarte Stadtverwaltung plant nun bestimmte städtebauliche Projekte, die spezifische Fachkenntnisse erfordern. S kann zu dieser Stadtverwaltung abgeordnet werden, um vorübergehend zu unterstützen. Abordnungen sind nicht immer beliebt. Im Sommer 2023 protestierten zahlreiche Lehrer im Münsterland, weil sie vorübergehend ins Ruhrgebiet abgeordnet werden sollten, denn dort herrschte eklatanter Lehrermangel.[38]

Die Zuweisung ist in § 29 Bundesbeamtengesetz/§ 20 Beamtenstatusgesetz geregelt. Sie findet eher selten Anwendung und betrifft die

Übertragung eines Amtes in einer Einrichtung ohne Dienstherrnfähigkeit, wie es in einer Anstalt oder Stiftung der Fall sein kann. Sie ist nur mit Zustimmung des Beamten möglich. Zum Beispiel: Finanzbeamter F wird einer neuen Stiftung, die sich auf die Förderung von Bildung, Forschung oder sozialen Belangen konzentriert, zugewiesen. Er soll sicherzustellen, dass die finanziellen Mittel ordnungsgemäß und transparent verwaltet werden.

Zuletzt gibt es noch die Umsetzung. Die Umsetzung ist am wenigsten einschneidend, denn Umsetzung bedeutet einen Wechsel des Dienstpostens innerhalb derselben Dienststelle. Zum Beispiel: Verwaltungsbeamter W, der bisher in einer Stadtverwaltung im Bereich der Wirtschaftsförderung tätig war, wird nun in den Bereich Tourismus und Kultur umgesetzt.

Die Versetzung

Bei der Versetzung geht es, wie gesagt, um die dauerhafte Ausübung einer neuen Funktion. Dies kann beim selben oder bei einem neuen Dienstherrn geschehen, zum Beispiel, weil eine Bundesbeamtin in die Landesverwaltung wechselt (neuer Dienstherr) oder innerhalb der Landesverwaltung eine Versetzung stattfindet (derselbe Dienstherr). Beamtenanwärter, also Beamte in Ausbildung, können nicht versetzt werden.

Alle vollständig ausgebildeten Beamten sind, bis auf wenige Ausnahmen, versetzbar. Bundesbeamte dürfen sogar bundesweit eingesetzt werden. Die Versetzung kann aber auch vom Beamten selbst beantragt werden, zum Beispiel, weil man den Wohnort wechseln oder einen neuen Dienstherrn möchte.

Unabhängig davon, ob die Versetzung vom Beamten oder von seinem Dienstherrn ausgeht, muss die zuständige Behörde bei der Entscheidung über die Versetzung ihr Ermessen pflichtgemäß ausüben. Das bedeutet, alle persönlichen und dienstlichen Interessen sind gegeneinander abzuwägen, wobei die dienstlichen Interessen vorrangig sind. Mit der Berufung in den Staatsdienst muss ich mir darüber im Klaren sein, dass ich versetzt werden kann und damit notfalls gezwungen bin, umzuziehen. Dass ich doch gerade den Kredit für die tolle Eigentumswohnung aufgrund meines Beamtenstatus erhalten habe, ist leider kein Grund, der gegen eine Versetzung spricht. Familiäre Interessen sind zwar zu berücksichtigen, bieten aber auch keinen zwingenden Grund, einer Versetzung zuzustimmen oder diese zurückzunehmen. Die Treuepflicht des Beamten verlangt, Folge zu leisten. Dem steht die Fürsorgepflicht des Staates gegenüber, der seine Beamten nicht drangsalieren darf und zum Beispiel eine frisch gebackene Mutter, kaum aus dem Mutterschutz zurück, auf einen 800 Kilometer entfernten Dienstposten versetzen darf.[39]

Der Dienstherr kann auch entscheiden, dass für eine Versetzung kein Raum besteht und Personal unabkömmlich ist. Dann wird eine vom Beamten beantragte Versetzung abgelehnt werden.

Die Abordnung

Eine Abordnung ist vorübergehend und kann sehr kurzfristig erfolgen. Sie ist tageweise möglich oder zu einer Laufbahn, welche niedriger ist als Deine aktuelle.

Eines schönen Septembertages rief mich mein Vorgesetzter in sein Büro und eröffnete mir, ich solle in drei Wochen für drei Monate nach Hessen abgeordnet werden. Das kam mir nicht gelegen, mir blieb aber nichts anderes übrig, als drei Monate auf zwei herunterzuhandeln und mich schleunigst auf die Suche nach einer geeigneten Dienstunterkunft zu machen. Vorgesehen war nämlich nur ein Hotelzimmer, in dem ich auf keinen Fall zwei Monate lang wohnen wollte. Ich bemühte mich also, eine Dienstwohnung mit Küche zu finden, die innerhalb des Budgets des Dienstherrn lag – das waren 500 Euro pro Monat. Angefangen von der Dienstwohnung über die Reisemittel und Trennungsgeldanträge – alles muss vom abgeordneten Beamten selbst organisiert werden. Ich führte also viele Telefonate mit der Reisegeld- und Trennungskostenstelle, schickte E-Mails hin und her und fand schließlich eine kleine Einliegerwohnung, nicht allzu weit von meiner Dienststelle entfernt. Mein kurz nach mir abgeordneter Kollege freute sich ebenfalls über die von mir erledigte Arbeit.

Eine Abordnung bedeutet, man führt seine Tätigkeit bei einer anderen Dienststelle entweder für einen anderen oder denselben Dienstherrn aus. Die Abordnung bedarf keiner Zustimmung des Beamten, es sei denn, sie soll länger als zwei Jahre gehen oder bei einem neuen Dienstherrn stattfinden. Allerdings muss der Beamte vorher angehört werden. Wenn die Abordnung länger als drei Monate geht oder verlängert werden soll, ist der Personalrat zu beteiligen. Eine Abordnung ist für einzelne Tage möglich, um beispielsweise jeden Mittwoch für die Dauer eines Jahres auf einer anderen Dienststelle in derselben Stadt auszuhelfen.

Abordnungen kommen zum Beispiel für Schulungen oder Fortbildungsmaßnahmen in Betracht, zuweilen aber auch weil eine andere Dienststelle vorübergehend Unterstützung braucht. Man kann die Abordnung auch selbst anregen, in dem man seinem Vorgesetzten zum Beispiel vorschlägt an einer bestimmten Fortbildungsmaßnahme teilzunehmen oder weil man irgendwo einen Kollegen hat, dem man unterstützend unter die Arme greifen will. Ob das der Dienstherr dann genehmigt, ist natürlich eine andere Frage. Die Abordnung mit dem Ziel der Versetzung ist sehr häufig. Der abgeordnete Beamte wird zunächst zu einer neuen Dienststelle abgeordnet, dort kann sich der neue Dienstherr ein Bild von ihm machen bis zu dauerhafter Versetzung. Solange man abgeordnet ist, untersteht man seinem alten Dienstherrn. Allerdings ist der Dienstherr der neuen Stelle ebenso weisungsbefugt und für alle Fragen rund um den Dienst, zum Beispiel Urlaub, zuständig.

Was tun bei einer Abordnung?

Die Möglichkeit abgeordnet zu werden steht im Ermessen des Dienstherrn. Dieser muss zwar seinen Beamten anhören und dessen Belange berücksichtigen, letztlich ist der Beamte aber verpflichtet den Weisungen zu folgen. Natürlich wird kein Dienstherr eine hochschwangere Beamtin ans andere Ende Deutschlands abordnen. Manchmal gibt es aber Gründe die gegen eine Abordnung sprechen, von denen der Dienstherr keine Kenntnis hat, zum Beispiel die Pflege naher Angehöriger. Dann sollten diese Gründe unbedingt geltend gemacht werden. Wird die Abordnung entgegen aller Einwände des Beamten dennoch erteilt, gibt es die Möglichkeit Widerspruch und Anfechtungsklage hiergegen einzulegen. Allerdings habe beide keine aufschiebende Wirkung – das heißt, man muss die Reise dennoch antreten.

Steht die Abordnung dann bevor und ist sie mit einer längeren Reise an einen anderen Ort verbunden, empfiehlt es sich, so frühzeitig wie möglich mit der dortigen Reisekostenstelle Kontakt aufzunehmen, über Unterkunft und Verpflegung zu informieren, ggf. eigenständig tätig zu werden und selbst eine Unterkunft zu suchen. Man sollte außerdem in der neuen Dienststelle anrufen, sich vorstellen und bereits jetzt alles dienstlich Relevante ansprechen: also die Arbeitszeiten, Homeoffice-Möglichkeiten, mögliche dienstfreie Tage, Möglichkeiten, freitags eher zu gehen, um heimreisen zu können etc.

Umsetzung

Wer fleißig ist und alle Begriffe im Gesetz nachschlägt, wird sich spätestens bei der Umsetzung wundern: Die steht da nämlich gar nicht. Die Umsetzung dient vor allem behördeninternen organisatorischen Gründen und hat keine Außenwirkung, daher sah der Gesetzgeber anscheinend keinen Grund, sie gesetzlich festzuhalten.[40]

Die Umsetzung ist nicht dauerhaft und hat den Zweck, die Leistungsfähigkeit der Verwaltung aufrechtzuerhalten. Ein Behördenwechsel findet nicht statt. Wenn es in einer Behörde zum Beispiel einen Personalmangel gibt und in einer anderen ein Beamter abkömmlich ist, kann dieser vorübergehend zur anderen Behörde umgesetzt werden. Die Umsetzung erfolgt innerhalb derselben Behörde, aber auch diese kann natürlich mehrere Stellen, auch in anderen Städten (Stichwort Schulen), haben. Die Umsetzung ist kein Verwaltungsakt. Der Personalrat muss an ihr beteiligt werden. Trotzdem ist anerkannt, dass man gegen eine Umsetzung vorgehen und widersprechen kann. Der Widerspruch hat jedoch keine aufschiebende Wirkung. Das heißt, Du musst die neue Stelle erst einmal antreten. Alternativ gibt es die Möglichkeit, die Umsetzung im gerichtlichen Eilverfahren zu verhindern. Erfolgsversprechend ist das aber nur, wenn die Umsetzung gegen die Fürsorgepflicht des Dienstherrn verstößt.

Zuweisung

Die Zuweisung (§ 29 BBG für Bundesbeamte und § 20 des BeamtStG für Landesbeamte) ähnelt der Abordnung mit dem Unterschied, dass die Zuweisung zu einer Einrichtung ohne Dienstherrnfähigkeit erfolgt. Voraussetzung hierfür ist die Zustimmung des betroffenen Beamten und eine Tätigkeit, die auch amtsangemessen ist. Zuweisungen können in ausländische oder internationale Organisationen erfolgen oder auch in private Unternehmen, sofern daran ein öffentliches Interesse besteht. Es geht hier also weiterhin um die Wahrnehmung öffentlicher Aufgaben. Da diese aber zunehmend privatisiert werden, gibt es die Möglichkeit der Zuweisung von Beamten. Bei Zuweisung zu einem Unternehmen bedarf es auch keiner Zustimmung des Betroffenen. Der Beamte bleibt natürlich trotzdem Beamter, am Statusverhältnis ändert sich nichts. Gegen die Zuweisung kannst Du ebenfalls Widerspruch und Anfechtungsklage einlegen, jedoch entfalten diese keine aufschiebende Wirkung.

Krankenversicherung für Beamte

Eines der wichtigsten, wenn nicht sogar das wesentliche Thema ist die private Krankenversicherung im Beamtentum. Wieso sind Beamte privat versichert? Muss man überhaupt in die private wechseln? Was, wenn ich nicht auf Lebenszeit verbeamtet werde oder später wieder aus dem Beamtentum ausscheide? Nimmt mich die gesetzliche Kasse dann noch auf und muss ich dafür horrende Beiträge zahlen? Was hat das Einstiegsalter mit der Krankenkasse zu tun? Kann ich trotz einer Vorerkrankung privat versichert werden?

Zunächst gilt es, ein paar grundlegende Dinge zu klären.

Zwei Tipps an dieser Stelle: Zeit lassen mit dem Finden der richtigen Versicherung und in Ruhe recherchieren. Es gibt sehr, sehr viele verschiedene Tarifmöglichkeiten in den privaten Krankenversicherungen. Hier den Überblick zu behalten oder eigenständig den besten Tarif zu finden, wäre mir bei meiner Versicherung fast unmöglich gewesen. Ich hatte mich daher entschieden, einen Versicherungsvertreter zu konsultieren, der den für mich geeignetsten Tarif samt passender Krankenversicherung raussucht. Dieses Vorgehen wird Dir Unmengen an Arbeit abnehmen und Freizeit bescheren, die Du sonst mit dem Googeln und Lesen von Versicherungsbedingungen verbringen müsstest. Im Zweifel lohnt es sich auch, hier etwas Geld zu investieren und den Versicherungsvertreter Deines Vertrauens aufzusuchen. Etwa 93 Prozent aller Beamten in Deutschland sind privat versichert.[41]

Beihilfe – was ist das?

Wie das Wort selbst schon sagt, hilft der Staat Dir „bei". Das heißt, der Staat bezuschusst die Kosten, die Dir durch Krankheit oder medizinische Behandlungen entstehen. Der Gedanke dahinter ist die Fürsorge des Dienstherrn für seine Bediensteten.

Die sogenannte individuelle Beihilfe umfasst grundsätzlich 50 Prozent. Wenn Du also eine Zahnbehandlung für 150 Euro durchführen lässt, zahlt der Staat hiervon 75 Euro und 75 Euro entfallen auf Deine Krankenkasse oder Dich selbst, je nach Leistungsspektrum Deiner Kasse.

Die Beihilfe gilt außerdem für Kinder und Ehepartner. Je nachdem, wie viele Kinder Du hast, kann der Zuschuss je nach Bundesland bis zu 80 Prozent betragen. Steht die Pension an, kann die Beihilfe nochmals steigen, meist auf 70 Prozent. Im gleichen Zug sinkt dadurch Dein Beitrag an die Krankenkasse.

Nun wird auch klar, wieso die allermeisten Beamten privat versichert sind. Deine Krankenkasse muss nur die Kosten tragen, die der Staat nicht übernimmt. Je höher der Zuschuss vom Staat, desto geringer sind Deine Krankenkassengebühren.

Wichtig: Ändert sich Dein Beihilfesatz, musst Du diese Änderung innerhalb von sechs Monaten an Deine Krankenkasse melden. Wie kann sich der Satz verändern? Zum Beispiel durch Umzug in ein anderes Bundesland oder Familienzuwachs.

Die pauschale Beihilfe

Nicht für jeden Beamten ist die private Krankenversicherung die beste Wahl. Gerade, wenn man viele Kinder hat, kann sich die gesetzliche Krankenversicherung, in der oft der Ehepartner mitversichert werden kann, mehr lohnen. Aber auch für Beamte, die keine private Krankenversicherung finden, zum Beispiel wegen bestimmter Vorerkrankungen, kann die gesetzliche Krankenversicherung die bessere Option sein. Dies kann auch die bessere Wahl sein, wenn man sich nicht sicher ist, ob der öffentliche Dienst das Richtige ist und vielleicht plant, sich wieder entlassen zu lassen. Ein Wechsel zurück in die gesetzliche ist dann nämlich oft nur sehr schwer möglich.

Aus diesem Grund haben einige Bundesländer seit 2018 die sogenannte pauschale Beihilfe eingeführt, im Gegensatz zur oben dargestellten individuellen Beihilfe.[42]

Bei der pauschalen Beihilfe übernimmt der Dienstherr die Hälfte der anfallenden Kosten der Krankenversicherung. Das heißt, nicht jede einzelne Leistung wird anteilig übernommen, wie es bei der individuellen Beihilfe der Fall ist, sondern der Dienstherr übernimmt eine Pauschale der monatlichen Kosten für die Krankenkasse. Dabei ist es egal, ob man privat oder gesetzlich versichert ist. Die pauschale Beihilfe ist auch für eine private Krankenkasse möglich. Nach Hamburg haben nun auch Berlin, Brandenburg, Bremen und Thüringen die Einführung der pauschalen Beihilfe beschlossen. Niedersachen und Schleswig-Holstein planen ebenso eine Einführung. Für Bundesbeamte gibt es die pauschale Beihilfe derzeit aber noch nicht. Da es für den Abschluss der richtigen Krankenversicherung immer auf die individuellen Lebensumstände ankommt, empfiehlt es sich hier unbedingt, einen Berater aufzusuchen und alle Möglichkeiten durchrechnen zu lassen!

Die private Krankenversicherung

Der wesentliche Unterschied zwischen einer gesetzlichen und einer privaten Krankenversicherung ist, dass die private nicht verpflichtet ist, Dich zu versichern. Eine gesetzliche Versicherung ist stets verpflichtet, einen Versicherungswilligen aufzunehmen. Das nennt sich Kontrahierungszwang. Natürlich kann die Versicherung einen entsprechend hohen Beitrag verlangen. Die private Krankenversicherung kann sich ihre Kunden aussuchen. Daher musst Du, wenn Du Dich privat versichern möchtest, eine Gesundheitsprüfung ableisten und quasi einen „Bewerbungsbogen" für die Kasse ausfüllen. Diese prüft dann, ob sie Dich versichern will. Vielleicht kannst Du es Dir schon denken: Jetzt kommen wieder dieselben Fragen wie bei der Gesundheitsprüfung vor der Verbeamtung! Private Krankenversicherungen wollen natürlich nicht-rauchende, nicht-trinkende, täglich Sport treibende und gesunde Biokost essende Kunden, die auf Extremsport verzichten und täglich frisches Quellwasser trinken. So gehen sie am sichersten, dass nicht plötzlich eine schwerwiegende Krankheit auftaucht, die sie dann bezahlen müssen. Einige Versicherungen schließen daher bestimmte Kunden von vornherein aus und sind hier noch strenger als der Staat selbst. Hast Du es also trotz einer Erkrankung geschafft, verbeamtet zu werden, kann Dich nun die private Krankenkasse ablehnen. Depressive und chronische Erkrankungen sind bei privaten Krankenkassen sehr unbeliebt. Die breite Auswahl an privaten Kassen wird dadurch erheblich geschmälert und man ist oft gezwungen, einen deutlich höheren Beitrag zu zahlen. Dennoch ist das oft trotzdem günstiger als in der gesetzlichen Versicherung zu bleiben, denn der Beitrag in der gesetzlichen Versicherung richtet sich nach der Höhe Deines Einkommens. Die Beihilfe bleibt hierbei unberücksichtigt. Die privaten Kassen hingegen berücksichtigen den Beihilfesatz, weshalb Du einen wesentlich geringeren Beitrag zahlst, als Du in der gesetzlichen Kasse zahlen würdest.

Die Öffnungsklausel

Was also tun, wenn Du eine chronische Zahnerkrankung hast, die Dich nicht besonders schwer beeinträchtigt und Dich wunderbare 40 Jahre lang Deinen Bürodienst ausführen lässt, jedoch mit regelmäßiger, kostspieliger Behandlung verbunden ist? Dann werden die meisten privaten Krankenkassen Deine Beitrittsanfrage wohl dankend ablehnen. Andere sagen vielleicht: Wir versichern Dich, aber für Deine Zahnprobleme vereinbaren wir einen Leistungsausschluss. Auch nicht die beste Lösung, denn wer weiß, welche Kosten dafür noch entstehen? Diese müsstest Du dann komplett selbst tragen (abzüglich der Beihilfe natürlich). Hiervon wird also abgeraten.

Damit solche Beamte nicht benachteiligt sind und ihr Leben lang überteuerte Beiträge an die gesetzliche Kasse zahlen oder mit Leistungsausschlüssen vorliebnehmen müssen, gibt es die sogenannte Öffnungsklausel oder Öffnungsaktion. Kassen, die sich an der Öffnungsaktion beteiligen, versichern Dich trotz bestehender Vorerkrankungen. Leistungsausschlüsse sind hier nicht zulässig. Zulässig ist jedoch ein sogenannter Risikozuschlag, also ein erhöhter Beitragssatz. Dieser darf maximal 30 Prozent höher sein, als es Dein tariflicher Beitrag wäre.

Wichtig: Damit Du von der Öffnungsaktion profitieren kannst, musst Du Deinen Antrag innerhalb von **sechs Monaten** nach Deiner Verbeamtung stellen! Nur innerhalb dieser Frist kannst Du von der Klausel profitieren. Eine aktualisierte Liste mit allen teilnehmenden Kassen und Informationen zur Öffnungsklausel findest du auf der Website des Verbandes der Privaten Krankenkassen (https://www.pkv.de/).

Was ist die Heilfürsorge?

Eine bestimme Gruppe von Beamten kann, sofern dies vorgesehen ist, die sogenannte Heilfürsorge erhalten. Diese geht weit über die Beihilfe hinaus. Der Staat möchte Berufsgruppen, die durch ihren Dienst besonders gefährdet sind, besonders absichern. Die Heilfürsorge ist weder eine private noch eine gesetzliche Versicherung, sie ist eine dritte Form der Absicherung. Die Heilfürsorge übernimmt alle Kosten der Gesundheitsvorsorge und der Behandlung im Krankheitsfall. Kosten, die nicht von der Heilfürsorge übernommen werden, übernimmt die Beihilfe.

Berufsfeuerwehr, Justizvollzugsbeamte und Polizisten können einen Anspruch auf die freie Heilfürsorge und damit auf eine kostenlose, umfassende Kostenübernahme im Krankheitsfall haben. Auch Soldaten haben einen Anspruch auf Heilfürsorge. Hier gelten jedoch Sonderbestimmungen. Soldaten können die truppenärztliche Behandlung der Bundeswehrkrankenhäuser in Anspruch nehmen. Sie müssen sich zunächst beim zuständigen Truppenarzt und nicht beim zivilen Hausarzt untersuchen lassen. Der Truppenarzt stellt fest, ob eine Überweisung an einen zivilen Facharzt notwendig ist. Ausnahmen gelten nur für Notfälle, in denen kein Truppenarzt zu erreichen ist.

Im Unterschied zur Beihilfe gilt die Heilfürsorge nur für den betroffenen Beamten und nicht auch für seine Angehörigen. Die Angehörigen der Berufsgruppen, die Heilfürsorge erhalten, haben dennoch Anspruch auf die „normale“ Beihilfe (sogenanntes Subsidaritätsprinzip). Jedes Bundesland regelt seine Heilfürsorge anders, so dass sich keine pauschalen Aussagen über die Übernahme von Kosten für alle Beamten treffen lassen. In Berlin haben Landespolizisten zum Beispiel den ganz normalen Beihilfeanspruch, Heilfürsorge gibt es nur für Beamte des mittleren Dienstes der Schutzpolizei für die Dauer des Vorbereitungsdienstes oder des Ausbildungsdienstes sowie für Polizeivollzugsbeamte für die Dauer einer besonderen Verwendung (§ 105 Landesbeamtengesetz Berlin). In Hamburg hingegen haben Polizeivollzugsbeamte einen Anspruch auf Heilfürsorge (§ 112 Hamburgisches Beamtengesetz).

Brauche ich neben der Heilfürsorge überhaupt noch eine Versicherung?

Ganz klar: Ja. Zum einen ist der Abschluss einer Pflegeversicherung Pflicht. Zum anderen ist die freie Heilfürsorge vergleichbar mit den gesetzlichen Kassen. Manche kostenintensiven Leistungen wie zum Beispiel Zahnersatz werden eventuell nicht übernommen. Hierfür springt dann zwar die Beihilfe ein, aber sie übernimmt oft nur 50 bis 70 Prozent der Kosten. Die betroffenen Beamten bleiben damit auf einem Teil ihrer Kosten sitzen. Außerdem hat man nur als aktiver Beamter Anspruch auf freie Heilfürsorge und Familienmitglieder sind von ihr ausgeschlossen. Spätestens wenn man also in Pension geht oder die Familie mitversichern möchte, sollte man einen passenden Tarif in einer privaten Krankenversicherung suchen. Um die Kosten der PKV dann möglichst gering zu halten, sollte der Tarif nicht erst mit dem Eintritt in die Pension abgeschlossen werden.

Zusätzliche Versicherungen für Beamte

Eigentlich sind Beamte doch durch den Staat bestens abgesichert, braucht es da tatsächlich noch weitere Absicherungen? Diese Entscheidung ist stets individuell zu treffen, denn jeder Mensch hat unterschiedliche Bedürfnisse und verhält sich anders. Ganz klar zu empfehlen ist (das gilt im Übrigen für Beamte und für nicht Verbeamtete gleichermaßen) der Abschluss einer **privaten Haftpflichtversicherung**. Private Schäden, die ein Beamter verursacht, werden nicht vom Staat übernommen!

Für Beamte gibt es außerdem eine sogenannte **Amts- und Vermögensschadenhaftpflichtversicherung**. Diese deckt Schäden ab, die der Beamte aus Unachtsamkeit am Eigentum des Dienstherrn verursacht hat, zum Beispiel das Diensthandy in der Waschmaschine mitgewaschen.

Die **Diensthaftpflichtversicherung** deckt wiederum Schäden ab, die bei Dritten entstehen. Diese Versicherung ist für Beamte wie Lehrer oder Polizisten erwägenswert. Die Versicherungen sind nur für grob fahrlässige Schäden notwendig. Unvermeidliche Schäden oder Schäden aus leichter Fahrlässigkeit werden vom Dienstherrn übernommen.

Sollte der Fall des vorzeitigen Ruhestands eintreten, sagt sich der eine: Mit dem Mindestruhegehalt kann ich gut leben, außerdem habe ich noch Erträge aus anderen Quellen. Die andere sagt vielleicht: Ich brauche da noch zusätzlich etwas. Dann empfiehlt sich eine sogenannte **Dienstunfähigkeitsversicherung**. Diese zahlt dem Beamten eine monatliche Rente, wenn die Arbeit aus gesundheitlichen Gründen nicht mehr möglich ist und man verfrüht in den Ruhestand geschickt wurde.

Krankenzusatzversicherungen empfehlen sich, wenn die private Krankenversicherung nur mit bestimmten Leistungsausschlüssen abgeschlossen werden konnte (z. B. wegen Vorerkrankungen) oder wenn der gewählte Tarif bestimmte Leistungen nicht umfasst. Eine solche Zusatzversicherung kann in manchen Fällen sogar die günstigere Wahl als der Volltarif bestimmter Versicherungen sein! Prüfe also unbedingt, was Dir persönlich wichtig ist.

Dienstschluss für immer – Ende des Beamtenverhältnisses

Beamte dienen ein Leben lang, deswegen heißt es auch Verbeamtung auf Lebenszeit. Ein Ausscheiden aus dem Dienst ist nur für Ausnahmefälle vorgesehen. Beamte sollen unabhängig und sicher arbeiten können, dafür bietet ihnen der Staat eine lebenslange Beschäftigungsgarantie.

Im Februar kündigte Bundesinnenministerin Nancy Faeser eine Verschärfung des Disziplinarrechts für Beamte an, damit diese schneller aus dem öffentlichen Dienst entlassen werden können.[43] Ihr Vorschlag stieß sofort auf harsche Kritik. Schließlich möchte sie damit nicht nur an einem Grundsatz des Berufsbeamtentums rütteln, sondern sich auch über rechtsstaatliche Verfahren hinwegsetzen. Das Gesetz legt die vier Fälle fest, in denen das Beamtenverhältnis endet. Das sind die Entlassung, der Verlust der Beamtenrechte, die Entfernung aus dem Dienst und der Ruhestand. Natürlich endet das Beamtenverhältnis auch mit dem Tod des Beamten, dieser Fall ist nicht geregelt und muss auch nicht weiter erläutert werden. Da der Ruhestand nicht nur mit Eintritt einer bestimmten Altersgrenze eintreten, sondern man auch in den Ruhestand versetzt werden kann, ist es wichtig, sich darüber zu informieren. Für bestimmte Berufe spielt vor allem die Dienstunfähigkeit eine große Rolle.

Ruhestand im Alter

Mit derzeit 67 Jahren können Beamte in den Ruhestand treten. Für einige Sonderlaufbahnen gelten abweichende Regeln. Polizisten im Vollzugsdienst können mit 62 Jahren in den Ruhestand gehen. Alle anderen Beamten können ab 62 auf Antrag in den Ruhestand versetzt werden. Auf Antrag können Sie auch länger arbeiten, maximal aber bis zum 70. Lebensjahr. Das nennt sich Hinausschieben des Ruhestands und ist unter bestimmten Voraussetzungen möglich. Insbesondere für Beamte, die eine längere Auszeit hatten, also Urlaub ohne Besoldung oder familienbedingt teilzeitbeschäftigt waren, ist ein Hinausschieben des Ruhestands zu gewähren. Alle Einzelheiten regelt § 53 Bundesbeamtengesetz, dieser sollte daher unbedingt gelesen werden, wenn Du der Meinung bist, Du möchtest Deinen Ruhestand hinauszögern. Landesbeamte müssen hierfür in die Gesetze ihres Landes schauen.

Übrigens: Beamte bleiben auch im Ruhestand Staatsdiener, die meisten Rechte und Pflichten gelten daher fort! Natürlich muss man keinen Dienst mehr verrichten, die Wohlverhaltenspflicht und Treuepflicht zum Beispiel gelten aber weiterhin, auch das Recht auf eine Nebentätigkeit ist zu beachten.

Exkurs: Lehrer bis zum bitteren Ende

Vom Fachkräftemangel bleibt auch der Öffentliche Dienst nicht verschont. Insbesondere an Lehrern mangelt es deutschlandweit. Das bayrische Kultusministerium soll daher im Jahr 2017 zu einer drastischen Maßnahme geschritten sein: Keine Genehmigung von Frühpension, Beurlaubung oder Auslandsschuldienst mehr, so hieß es in den Medien.[44] Bereits pensionierte Lehrer sollten in den Unterricht zurückkehren. Tatsächlich legt das bayrische Recht fest, dass Lehrer nicht mit 67 (wie andere Beamte) in Pension gehen dürfen, sondern mit dem Ende des Schulhalbjahres, in dem sie das 67. Lebensjahr vollenden. Allerdings dürfen pensionierte Lehrer freiwillig weiterarbeiten.

Übrigens: Bundesweit sinken die Hürden für den Einstieg in den Lehrerberuf, werden Möglichkeiten des Quer- und Seiteneinstiegs geschaffen, um dem Lehrermangel entgegenzuwirken. Laut Bundesfinanzministerium steigen die Kosten für Pensionen und Beihilfe jährlich um Milliarden. Die deutsche Bundesbank fordert daher ein Anheben des Pensionseintrittsalters für Beamte auf 67 Jahre,[45] sehr zum Missfallen des deutschen Beamtenbundes. Lehrer dürfte das nicht besonders tangieren, ihr Eintrittsalter liegt schon heute in den meisten Ländern bei 67 Jahren.

Wie hoch ist meine Pension?

Die Pension (auch Ruhegehalt genannt) steht allen Personen in einem besonderen Rechtsverhältnis zu – das sind nicht nur Beamte, sondern auch Richter, Staatsanwälte oder Personen im Kirchendienst. Die Pension ist nicht mit der Rente gleichzusetzen. Warum? Die Pension stellt die einzige und umfassende Altersversorgung dar. Während Arbeitnehmer in der freien Wirtschaft oftmals eine gesetzliche und betriebliche Altersversorgung erwerben, gibt es für Beamte nur die Pension. Natürlich steht es auch Beamten frei, sich privat um eine weitere Versorgung zu kümmern. Die Pension wird versteuert und soll alle Kosten decken, die Beamten im Ruhestand entstehen – vor allem natürlich die höheren Krankenkassenbeiträge.

Die Pension ist an bestimmte Voraussetzungen geknüpft. Die Wichtigste ist die Mindestdienstzeit von fünf Jahren. Wer kürzer im Beamtenverhältnis tätig ist, erwirbt keinen Anspruch auf Pension. Ausnahmen gelten für Beamte, die einen Dienstunfall erlitten haben. Alle anderen Beamten, die eine gewisse Altersgrenze erreicht haben, dürfen „in Pension" gehen. Wie hoch die „Pension" ausfällt, ist individuell nach den geleisteten Dienstjahren zu berechnen. Zum 1. Januar 2023 betrug das durchschnittliche Ruhegehalt bei Beamten des unmittelbaren Bundesbereichs 66,9 Prozent der letzten Dienstbezüge. Die ruhegehaltfähigen Dienstbezüge sind das in den letzten zwei Jahren vor Pensionierung zustehende Grundgehalt.[46] Der maximale Ruhegehaltswert liegt bei etwa 71 Prozent der ruhegehaltfähigen Dienstbezüge.[47] Die wenigsten Beamten erhalten jedoch bei Eintritt in den Ruhestand diese hohe Pension. In der Bevölkerung ist dennoch weit verbreitet, dass man als Beamter „70 Prozent des letzten Gehalts an Pension erhält" und damit eben deutlich besser dasteht als normale Arbeitnehmer. Wie wir eben gesehen haben, stimmt das so nicht ganz. Auf den Maximalbetrag kommen nur Beamte, die 40 Jahre in Vollzeit Dienst geleistet haben. Das dürfte bei den wenigsten der Fall sein, gibt es doch in fast jedem Lebenslauf Unterbrechungen der Dienstzeit durch längere Urlaube, Elternzeiten, Teilzeit, Ausbildungen etc. Dennoch liegen Beamte mit der Pension deutlich über dem durchschnittlichen Rentenniveau. So lag die Durchschnittsrente im Jahr 2022 für Männer bei 1.218 Euro und für Frauen sogar nur bei 809 Euro monatlich.[48] Für 2021 erhielten Beamte hingegen im mittleren und einfachen Dienst durchschnittlich 2.318,00 Euro, im gehobenen Dienst 3.3339,00 Euro und im höheren Dienst 4.973,00 Euro Pension.[49]

Das Mindestruhegehalt

Was tun, wenn nach sechs Jahren Dienstzeit ein schwerer Unfall einen Strich durch die Karriererechnung macht und man dienstunfähig wird? In den Ruhestand versetzt werden bedeutet nämlich nicht, volle Pensionsbezüge zu erhalten. Diese berechnen sich nun mal nach den geleisteten Dienstjahren und sechs sind da leider recht wenig. Auch für diesen Fall hat sich der Staat eine Absicherung überlegt: das Mindestruhegehalt. Beamte, die in den vorzeitigen Ruhestand versetzt werden müssen, erhalten 35 % der ruhegehaltfähigen Dienstbezüge oder 65 % der ruhegehaltfähigen Dienstbezüge aus der Endstufe der Besoldungsgruppe A 4, sofern dies die günstigere Variante für den Dienstherrn ist. Im Jahr 2021 betrug das amtsunabhängige Ruhegehalt für Landes- und Bundesbeamte 1.866 Euro.

Dienstunfähigkeit – Versetzung in den Ruhestand

Obwohl der Staat seine Diener vor der Einstellung auf Herz und Nieren prüft und ihre gesundheitliche Eignung feststellt, lassen sich Unfälle oder Erkrankungen natürlich nicht vorhersagen. So kann es vorkommen, dass man gesundheitlich einfach nicht mehr in der Lage ist, seine bisherigen Aufgaben zu erfüllen. Das Gesetz bezeichnet das als „dienstunfähig“. Das Gesetz regelt auch klar, wer wann dienstunfähig ist. Wer innerhalb von sechs Monaten mehr als drei Monate krank war, ist dienstunfähig und in den Ruhestand zu schicken. Immer vorausgesetzt aber, es besteht keine andere Verwendungsmöglichkeit. So steht es in § 44 Bundesbeamtengesetz und § 26 Beamtenstatusgesetz. Natürlich sind die Anforderungen an die Dienstunfähigkeit vom jeweiligen Amt abhängig. Für Polizisten gelten daher andere Voraussetzungen als für Beamte der Finanzverwaltung. Der Dienstherr hat stets zu prüfen, ob er seinen Beamten nicht noch anderweitig einsetzen kann. Dabei können durchaus Tätigkeiten übertragen werden, die unterhalb des aktuellen Leistungsprofils des Betroffenen liegen, auch gegen den Willen des jeweiligen Beamten. Eine Zustimmung braucht es hierfür nämlich nicht. Beamte können sogar, sofern sie während ihrer Dienstzeit eine neue Laufbahnbefähigung erlangt haben, in die niedrigere Laufbahn zurückversetzt werden, wenn sie zumindest dort ihren Dienst weiter ausführen können. Wir sehen also: Der Staat sieht die Versetzung in den Ruhestand als absolut letztes Mittel und wird alle Möglichkeiten ausschöpfen, eine Beschäftigung zu finden, die dem Beamten zumutbar ist. Erst, wenn es überhaupt keine Verwendungsmöglichkeit mehr gibt, bleibt nur noch die Versetzung in den Ruhestand. Diese muss nicht endgültig sein. Manchmal braucht es eben Jahre, um zu genesen. Sollte die gesundheitliche Eignung wieder hergestellt sein (oder sich eine neue Verwendungsmöglichkeit aufgetan haben), dann können Beamte im Ruhestand reaktiviert werden und sind ins aktive Dienstverhältnis zurückzuholen. Der Dienstherr ist verpflichtet, eine solche Reaktivierung zu überprüfen. Mit 35 wegen Burnout in den Ruhestand und sich dann einen faulen Lenz machen? Nichts da. Du bist verpflichtet, aktiv an Rehabilitierungsmaßnahmen teilzunehmen, alles zu tun, um Deine Dienstfähigkeit wieder herzustellen, Dich notfalls fortzubilden und eine anderweitige Tätigkeit anzunehmen.

Das Verfahren bei Dienstunfähigkeit

§ 47 Bundesbeamtengesetz/§ 27 Beamtenstatusgesetz regeln das Verfahren der Versetzung in den Ruhestand. Macht der Beamte gesundheitliche Probleme geltend oder kehrt aufgrund andauernder Krankschreibung monatelang nicht in den Dienst zurück, kann der Dienstvorgesetzte ein ärztliches Gutachten erstellen lassen. Wenn dieses die vollständige oder begrenzte Dienstunfähigkeit feststellt und der Dienstherr keine anderweitige Verwendungsmöglichkeit für den Beamten findet, teilt er diesem mit, dass seine Versetzung in den Ruhestand bevorsteht. Der Betroffene hat einen Monat Zeit, hiergegen Einwendungen gelten zu machen, danach erhält der Beamte eine Versetzungsverfügung. Diese ist ein normaler Verwaltungsakt und damit rechtlich anfechtbar. Die Versetzungsverfügung muss nicht endgültig sein und kann, wenn sich die Umstände ändern, auch zurückgenommen werden.

Zum Vertiefen: § 47 BBG (Verfahren bei Dienstunfähigkeit) und § 48 BBG (Ärztliche Untersuchung). Die §§ 26 ff. des Beamtenstatusgesetzes regeln es für Landesbeamte.

Fallbeispiel: Der Polizist mit einer Niere

Hat man bereits die Lebenszeitverbeamtung erhalten, mag der Stempel „dienstunfähig" gar nicht mehr so schlimm sein. Dann eben ab in den Ruhestand. Anders sieht es aus, wenn der Dienstherr die gesundheitliche Eignung vor Ablauf der Probezeit feststellt. Denn dann droht die Entlassung. So geschehen 2022 in Berlin.[50] Ein Bundespolizist im mittleren Polizeivollzugsdienst befand sich im Beamtenverhältnis auf Probe. Aufgrund einer Erkrankung musste ihm eine Niere entfernt werden. Danach war er für den Dienstherrn nicht mehr zu gebrauchen und wurde umgehend entlassen. Begründung unter anderem: Man stelle sich einen Polizisten mit einer Niere vor, der einen Tritt in die Nieren erleidet! Dann sei die letzte verbleibende Niere auch noch dahin. Als Polizist sei der junge Mann jedenfalls nicht mehr verwendbar. Das Verwaltungsgericht Berlin schob dem einen Riegel vor. Es entschied, der Dienstherr müsse ein Sachverständigengutachten anfertigen lassen und klären, ob die gesundheitliche Eignung tatsächlich nicht mehr bestehe. Prognosen ins Blaue hinein dürften nicht einfach angestellt werden. Außerdem könne der Mann im Innendienst oder der Verwaltung arbeiten, wo keine permanente Gefahr durch Tritte bestehe. Ein Laufbahnwechsel sei vom Dienstherrn jedenfalls nicht ausreichend geprüft worden.

Der Fall zeigt: Auch schwere Erkrankungen müssen nicht zwangsläufig zur Dienstunfähigkeit führen. Sollte gar die Entlassung aus dem Dienst drohen, ist es unbedingt ratsam, Rechtsbeistand zu suchen und den Fall prüfen zu lassen!

Einstweiliger Ruhestand

Aus den Medien ist der einstweilige Ruhestand bekannt. Beamte, deren Amt starke politische Bezüge hat und die in andauernder Übereinstimmung mit der Regierung handeln müssen, können jederzeit in den einstweiligen Ruhestand versetzt werden. Darüber entscheiden nicht sie selbst, sondern der Dienstherr. Betroffen sind nur bestimmte Beamte, siehe die Aufzählung in § 54 Bundesbeamtengesetz. Hierunter fallen zum Beispiel Staatssekretäre, Ministerialdirektoren oder Botschafter. Beamte mit Bundesbesoldungsordnung B können zudem bei organisatorischen Änderungen ihrer Dienststelle in den einstweiligen Ruhestand geschickt werden. Sehr bekannt dürfte der Fall Georg Maaßen sein. Der ehemalige Verfassungsschutzpräsident wurde 2018 in den einstweiligen Ruhestand versetzt, nachdem er laut dem damaligen Innenminister Horst Seehofer öffentlich inakzeptable Formulierungen gebraucht hatte. Der einstweilige Ruhestand kommt den Staat teuer zu stehen. Allein in Hessen betrugen die Kosten für 12 politische Beamte im einstweiligen Ruhestand etwa drei Millionen Euro in den Jahren 2012 bis 2021, wie eine parlamentarische Anfrage der AfD-Fraktion ergab.[51] Die versetzten Beamten können jederzeit reaktiviert werden und müssen dann Folge leisten, ihr einstweiliger Ruhestand ist damit beendet.

Entlassung aus dem Beamtenverhältnis

Es gibt mehrere Möglichkeiten, aus dem Beamtenverhältnis entlassen zu werden, wobei eine davon eintritt, sofern man einen Jobwechsel anstrebt. Daher wird diese Möglichkeit im Rahmen der Karriere besprochen. Generell lässt sich sagen: Die Hürden für eine Entlassung aus dem Beamtenverhältnis (ohne das man entlassen werden möchte) sind hoch. Nur weil Du notorisch falsch parkst und 200 Ordnungswidrigkeiten begangen hast, berührt das nicht Deinen Beamtenstatus. Beamte sind schließlich auch nur Menschen. Beamte können kraft Gesetzes entlassen werden, weil sie wünschen, entlassen zu werden oder eine anderweitige Tätigkeit anstreben, weil sie sich innerhalb der Probezeit nicht bewährt oder eine Straftat begangen haben.

Entlassung aufgrund einer Straftat

Die Hürden für eine Entlassung aus dem Beamtenverhältnis mögen hoch sein und auch Beamte können Fehltritte begehen. Wer jedoch vorsätzlich eine Straftat begeht und dafür eine Freiheitsstrafe von mindestens einem Jahr bekommt, dem droht der Verlust der Beamtenrechte. Der Gesetzgeber hat entschieden, dass es nicht zum Bild des loyalen und vorbildhaften Staatsdieners passt, wenn schwere Straftaten begangen werden. Außerdem gibt es einige besondere Straftaten wie Friedensverrat, Hochverrat oder Bestechlichkeit, die zur Beendigung des Beamtenverhältnisses führen. Und was, wenn man dem Dienstherrn einfach nichts von einer Verurteilung berichtet? Gesetzlich ist festgelegt, dass das Beamtenverhältnis mit Rechtskraft des Urteils automatisch endet. Das heißt, ab diesem Tag besteht kein Anspruch auf Besoldung und Versorgung mehr. Eines weiteren Entlassungsakts bedarf es daher nicht.

Wird gegen Dich ermittelt oder droht Dir eine strafrechtliche Verurteilung, ist es unbedingt ratsam, einen Fachanwalt für Disziplinarrecht aufzusuchen, um diese schwere Folge – den Verlust der Beamtenrechte – zu vermeiden.

Entlassung kraft Gesetzes

Beamte, die nicht mehr die deutsche bzw. die Staatsangehörigkeit eines EU-Mitgliedsstaats besitzen, verlieren ihren Beamtenstatus kraft Gesetzes, da dies eine zwingende Voraussetzung der Verbeamtung ist. Außerdem tritt die Entlassung kraft Gesetzes ein, wenn Du Dich entscheidest, für einen anderen Dienstherrn oder im Soldatenverhältnis tätig zu werden. Ein neuer Dienstherr kann zum Beispiel das Land statt des Bundes sein (und umgekehrt). Es ist in jedem Fall der bessere Weg, den Dienstherrenwechsel über eine Versetzung zu erreichen. Wenn sich der bisherige Dienstherr aber weigert, bleibt nichts anderes übrig, als die Entlassung und dann die Neuverbeamtung zu wählen. Das bedeutet aber auch: Neubeginn der Probezeit. Damit verbunden ist oft ein Verlust bereits erworbener Rechte, zum Beispiel die nächsthöhere Besoldungsstufe.

Entlassung kraft Verwaltungsaktes

Weitere zwingende Gründe für eine Entlassung liegen vor, wenn ein Beamter den Diensteid verweigert, wenn er in den Ruhestand versetzt werden soll, hierfür aber die Voraussetzungen noch nicht vorliegen oder der Beamte entschieden hat, ein politisches Mandat anzunehmen. Zur Erinnerung: Probezeit bewältigen und ab in den Ruhestand funktioniert nicht. Der Ruhestand erfordert gewisse Wartezeiten, das heißt, man muss sich die Versorgungsansprüche verdienen. Beamte, bei denen diese Wartezeiten nicht erfüllt sind, können daher entlassen werden.

Der Sinn dahinter ist klar: Niemand soll sich die Versorgung vom Staat durch ein kurzes Tätigwerden im Dienst erschleichen können. Für diese Fälle sieht das Gesetz daher die Entlassung vor.

Politische Ämter und Staatsdienerschaft schließen sich zwar nicht per se gegenseitig aus. Wer es jedoch schafft, ein Mandat im Bundestag oder im Europäischen Parlament zu erhalten, muss sich entscheiden: Staatsdienst oder Politik. Beides zusammen ist unvereinbar. Der Dienstherr wird Dir für den Fall, dass Du ein solches Mandat annimmst, eine Frist setzen. Wenn Du das neue Mandat nicht innerhalb dieser Frist niederlegst, verlierst Du Deinen Beamtenstatus.

Ein Beamter kann schließlich auch im Rahmen eines Disziplinarverfahrens entlassen werden. Die Entfernung aus dem Dienst ist die höchste aller möglichen Disziplinarmaßnahmen und gesondert im Bundesdisziplinargesetz geregelt. Außerdem können natürlich Beamte auf Probe entlassen werden, wenn sie sich innerhalb der Probezeit nicht bewähren, dienstunfähig werden oder ein Dienstvergehen begehen.

Das Entlassungsverfahren ist recht unkompliziert: Die Dienststelle erlässt eine Verfügung mit der Mitteilung über die Entlassung. Mit Zustellung bzw. nach Ablauf einer einmonatigen Frist wird die Entlassung rechtskräftig. Mit der wirksamen Entlassung enden alle Ansprüche auf Versorgung und Besoldung. Beamte, die kurz vor der Pensionierung standen, verlieren auch ihre Ansprüche auf Pension. Sie werden aber in der gesetzlichen Rentenversicherung nachversichert und erhalten dann, wie alle anderen Arbeitnehmer auch, eine gesetzliche Rente.

Entlassung auf eigenen Wunsch

Schließlich kann es vorkommen, dass sich jemand im Dienste des Staates einfach nicht wohl fühlt. Schließlich kommen mit den vielen Rechten auch viele Verpflichtungen. Die gute Nachricht: Mit Ablegen des Diensteids bist Du nicht verpflichtet, bis ans Ende Deiner Tage als Beamter zu dienen. Zwar kannst Du nicht ordentlich kündigen, wie es jeder Arbeitnehmer kann, aber auch Dir ist der Weg zu einem anderen Beruf nicht verwehrt. Erforderlich ist ein schriftlicher Antrag auf Entlassung gegenüber dem Dienstherrn. Diesem Antrag muss der Dienstherr entsprechen. Überlegst Du es Dir innerhalb von zwei Wochen nach dem Antrag doch noch einmal anders, kannst Du den Antrag noch zurücknehmen.

Gut zu wissen: Solltest du nur eine berufliche Auszeit nehmen und in ein paar Jahren wieder zurück in den Staatsdienst wollen, kannst Du Dich auch neu verbeamten lassen. Allerdings ist zu beachten: Wenn Du bereits privat krankenversichert bist, gibt es nach Deinem Austritt aus dem Staatsdienst keine Beihilfe mehr. Jeder, der aus dem Beamtenverhältnis ausscheidet, sei es für immer oder nur zeitweise, verliert die Beihilfeansprüche. Damit steigt Dein Krankenversicherungsbeitrag extrem an. Außerdem verlierst Du sämtliche Pensionsansprüche. Dein Dienstherr wird Dich automatisch rückwirkend in der gesetzlichen Rentenversicherung versichern. Damit sinkt auch Deine Altersabsicherung. Bundesbeamten steht zumindest ein sogenanntes Altersgeld zu. Das Altersgeld soll die Differenz zwischen Pension und gesetzlicher Rente ausgleichen. Das Altersgeld gibt es jedoch nur für Bundesbeamte und nur auf Antrag (also nicht automatisch!). Es beträgt 1,793 Prozentpunkte für jedes Jahr altersgeldfähiger Dienstzeit. Das Altersgeld ist auf maximal 71,75 Prozentpunkte begrenzt und wird um 15 % reduziert, wenn weniger als 12 Jahre Dienstzeit vorliegen. Eine Evaluierung des BMI im Jahr 2016 hat ergeben, dass das Altersgeld insgesamt eine sehr geringe finanzielle Rolle spielt.[52]

Zum Vertiefen: Alle Fälle der Entlassung und das Entlassungsverfahren sind in den §§ 30 bis 43 Bundesbeamtengesetz geregelt. Exoten wie das Gnadenrecht des Bundespräsidenten wurden hier ausgeklammert. Landesbeamte können ab § 21 Beamtenstatusgesetz nachlesen, welche Beendigungsgründe bestehen und wie die Entlassung abläuft. Die Entfernung aus dem Beamtenverhältnis aufgrund eines Disziplinarverfahrens ist in § 10 Bundesdisziplinargesetz geregelt.

Das Disziplinarverfahren – Dienstvergehen von Beamten

Begeht ein Beamter im Dienst ein Dienstvergehen, kann das eine Dienstpflichtverletzung sein. Aber auch außerdienstliches Verhalten kann einen Bezug zum Beamtenstatus aufweisen, zum Beispiel, weil ein Polizeibeamter nach Dienstschluss Drogen verkauft. Als Angestellter in einem Unternehmen haben Straftaten folgende Konsequenzen: Man wird verurteilt und verliert seinen Job oder man wird verurteilt und behält seinen Job. Verurteilungen haben, je nach Schwere, nicht immer Auswirkungen auf die Arbeitswelt. Innerdienstliches Fehlverhalten, wie wiederholte Unpünktlichkeit oder unentschuldigtes Fernbleiben vom Arbeitsplatz, kann hingegen zu Konsequenzen seitens des Arbeitgebers führen, einschließlich Abmahnungen oder sogar Kündigungen. Für Beamte existiert jedoch ein eigenes Regelwerk: das Disziplinarrecht. Dieses bietet eine Vielzahl von Maßnahmen, um disziplinarische Verstöße zu ahnden und den betroffenen Beamten wieder auf den rechten Weg zu führen oder ihn im schlimmsten Fall aus dem Dienst zu entlassen. Das Disziplinarrecht und die damit verbundenen Verfahren ähneln einem eigenen Rechtssystem, vergleichbar mit dem Strafrecht, das speziell für Beamte konzipiert ist. Bestrafung ist aber nicht das Ziel. Das Disziplinarrecht dient dazu, die Integrität, Rechtmäßigkeit und Ordnung im öffentlichen Dienst aufrechtzuerhalten. Weil Beamte auch nur Menschen sind und Fehler begehen, ist es wichtig zu wissen, welche Fehler zu welchen Konsequenzen führen und wie man sich dagegen wehren kann.

Was ist ein Dienstvergehen?

Das Dienstvergehen umfasst Handlungen, die gegen dienstliche Pflichten, gesetzliche Vorschriften oder ethische Standards verstoßen. Es muss nicht zwangsläufig etwas Schwerwiegendes sein. Dienstvergehen können eine Bandbreite von Verhaltensweisen abdecken, von kleinen Regelverstößen bis hin zu schwerwiegendem Fehlverhalten wie Korruption oder Amtsmissbrauch. Im Abschnitt „Pflichten von Beamten“ haben wir uns angesehen, welche besonderen Pflichten für Beamte gelten. Wird gegen diese verstoßen, so liegt ein Dienstvergehen vor. Natürlich ist nicht jede kleine Unachtsamkeit oder jeder Fehltritt ein Dienstvergehen. Ein gängiges Beispiel aus der Praxis: Privates Surfen im Internet oder privates Telefonieren im Büro – das ist bereits eine Dienstpflichtverletzung und stellt sogar einen Arbeitszeitbetrug dar. Denn während der Arbeitszeit hat man alles Private zu unterlassen. In den meisten Dienstvorschriften von Behörden ist fest verankert, dass die IT des Arbeitgebers nicht zu privaten Zwecken genutzt werden darf, auch nicht in den offiziellen Pausenzeiten! Natürlich wird nicht wegen jeder überzogenen Zigarettenpause ein Disziplinarverfahren eröffnet und auch der Internetverlauf wird nicht ständig überprüft. Häufen sich solche Fälle aber oder dehnt jemand die Pausen unnötig aus, kann der Dienstherr einschreiten. Was der Beamte in der Freizeit tut, wird nicht überwacht. Wenn der Polizeibeamte aber beim abendlichen Drogenhandel erwischt wird, hat er nicht nur eine Straftat begangen, sondern auch seine Dienstpflichten verletzt. Im Folgenden wollen wir uns ansehen, welche dienstrechtliche Relevanz Straftaten besitzen.

Straftaten und ihre Folgen

Ein heimlicher Diebstahl, eine kleine Steuerhinterziehung, eine alkoholisierte Kneipenschlägerei, eine Urkundenfälschung durch das Setzen einer Unterschrift, eine Trunkenheitsfahrt, eine nicht einmal bemerkte Unfallflucht – all diese Taten werden von ganz normalen Menschen begangen, ohne dass diese gleich zu Schwerverbrechern werden. Dann flattert oftmals ein Strafbefehl mit einer Geldstrafe ins Haus und die Sache ist erledigt, ohne dass der Chef davon erfahren müsste. Nicht so aber für Beamte. Strafverfolgungs- und Vollstreckungsbehörden sind gesetzlich verpflichtet, die Dienststelle eines Beamten über Strafverfahren zu informieren. Strafbefehl oder Urteil sind dann auch direkt zu versenden, so dass man sich aus dieser Situation nicht mehr herauswinden kann. Bei fahrlässigen Taten ist diese Pflicht eingeschränkt und gilt nur für schwere Verstöße. Hierzu zählt Trunkenheit im Straßenverkehr aber auf jeden Fall. Sogar Einstellungen können, wenn die Behörde es für wichtig erachtet, mitgeteilt werden. Man sieht: Eine Straftat bleibt für den Dienstvorgesetzten nicht unentdeckt. Das ist an sich schon unschön genug, führt jedoch zu weiteren Konsequenzen, nämlich zur Eröffnung eines Disziplinarverfahrens.

Wer seine kriminelle Karriere bereits beendet hat und sich nun erst entschließt, in den Staatsdienst einzutreten, muss damit nicht unbedingt scheitern. Die sogenannte Amtsfähigkeit (Fähigkeit, öffentliche

Ämter zu bekleiden, § 45 Strafgesetzbuch) verliert man nämlich erst, wenn man wegen eines Verbrechens zu einer Freiheitsstrafe von mehr als einem Jahr verurteilt worden ist.

Wann kann ein Disziplinarverfahren eingeleitet werden?

Werden ein oder mehrere Dienstvergehen festgestellt, kann der Dienstherr ein Disziplinarverfahren einleiten. Gut zu wissen: Es gilt der Grundsatz der sogenannten Einheit der Dienstvergehen. Das bedeutet, auch wenn mehrere Vergehen vorliegen, erfolgt nur ein Verfahren. In diesem werden alle Dienstvergehen einheitlich abgehandelt. Ein Disziplinarverfahren kann auf Initiative des betroffenen Beamten selbst oder von Amts wegen vom Dienstherrn eröffnet werden.

Der erste Fall mag zunächst verwundern. Wieso sollte man sich selbst anzeigen? Die Idee dahinter ist das Beweisen der eigenen Unschuld. Fühlen sich Beamte zu Unrecht verdächtigt oder werden immer wieder Vorwürfe gegen sie erhoben, ohne dass konkrete Schritte folgen, können sie ein sogenanntes „Selbstreinigungsverfahren“ starten. In diesem Verfahren können sie dann einen Bescheid erhalten, der feststellt, dass kein Dienstvergehen vorliegt. Das ist aber eher die Ausnahme als die Regel.

Fallbeispiel: Glänzen durch Abwesenheit

Meistens läuft es so ab: Der Dienstherr bekommt mit, dass sein Beamter (zum Beispiel) in der Mittagspause wiederholt eingeschlafen ist. Der Dienstherr ist nun von Amts wegen verpflichtet, ein Disziplinarverfahren einzuleiten. Es steht also nicht im Ermessen eines besonders netten Chefs, noch mal ein Auge zuzudrücken. Nein, der Dienstvorgesetzte ist gesetzlich dazu verpflichtet („von Amts wegen“), ein Disziplinarverfahren einzuleiten, wenn er schwerwiegende Verstöße gegen dienstliche Pflichten feststellt, die potenziell erhebliche Auswirkungen auf den Dienstbetrieb haben. Innerdienstliche Vorschriften können jedoch festlegen, dass bei Bagatellen nochmal ein Auge zugedrückt werden kann. Bagatellen sind geringfügige Verstöße ohne gravierende Konsequenzen. Aber wie grenzt man das ab? Der Vorgesetzte wird prüfen, wie oft eine Missetat wiederholt wurde, ob vorsätzlich oder fahrlässig gehandelt wurde, welche Auswirkungen damit verbunden waren usw. Manche Taten bleiben auch jahrelang unentdeckt. So erschien ein spanischer Beamter sechs Jahre lang überhaupt nicht zum Dienst. Das fiel aber auch niemandem auf. Erst als er eine Auszeichnung für 20 Jahre treuen Dienst erhalten sollte und diese nicht entgegennahm, flog seine Abwesenheit auf.[53]

Der Ablauf des Disziplinarverfahrens

Ein Disziplinarverfahren ist keine heimliche Angelegenheit. Hat man sich eines Dienstvergehens verdächtig gemacht, muss man so schnell wie möglich über den Vorwurf und die Einleitung des Disziplinarverfahrens informiert werden. Dies geschieht in der Regel mit einer sogenannten Einleitungsverfügung. Das ist die offizielle Mitteilung darüber, dass der Dienstherr ein Disziplinarverfahren eingeleitet hat.

Wichtig für den betroffenen Beamten ist vor allem, dass in § 20 Bundesdisziplinargesetz einige Fristen festgelegt sind, die zu beachten sind. Lässt man die Fristen verstreichen, kann dies negativ ausgehen, vor allem, wenn man entlastende Tatsachen vorbringen möchte.

Sind alle Ermittlungen abgeschlossen, ergeht eine sogenannte Abschlussentscheidung. Je nachdem, ob sich die Vorwürfe bestätigt haben oder nicht, kann dann eine Einstellung des Verfahrens oder eine Maßnahme erfolgen. Eine Einstellungsverfügung ergeht auch, wenn lediglich eine sogenannte Bagatelle vorliegt. Wenn Du nur mal kurz eingenickt bist und gar nicht regelmäßig im Büro schläfst, kann der Dienstherr von einer Maßnahme absehen und einen Tadel aussprechen. Kommt es jedoch zu regelmäßig ausgedehnten Schlummerstunden, kann der Dienstherr eine Disziplinarverfügung erlassen. Er entscheidet in seinem Ermessen über die zu erteilende Maßnahme.

Bei einem besonders schweren Dienstvergehen kann sogar Klage gegen den Betroffenen vor dem Verwaltungsgericht erhoben werden. Spätestens dann empfiehlt es sich, einen Verteidiger aufzusuchen!

Mögliche Disziplinarmaßnahmen, die Du erwarten kannst

Doch was droht denn nun bzw. kann drohen, wenn ein solches Verfahren eingeleitet wird? Kann der Dienstherr dann wild entscheiden, ob er seinem Beamten die Bezüge streicht oder ihn zu Mehrarbeit verdonnern? Nein. Die möglichen Disziplinarmaßnahmen sind alle abschließend gesetzlich festgelegt und richten sich immer nach der Schwere des Vergehens und allen übrigen Umständen.

Bleiben wir beim Beamten, der gerne mal einen Mittagsschlaf macht. Angenommen, dieser Beamte hat einen täglichen Fahrtweg von zwei Stunden, eine Trennungsgeldwohnung wurde nicht genehmigt, der Beamte erhält außerdem sehr wenig Arbeit und beginnt sich schlicht und einfach aufgrund von fehlender Beschäftigung und Übermüdung im Büro zu langweilen und schläft schlussendlich ein – dann sind dies alles Umstände, die mildernd zu berücksichtigen sind.

Der Dienstherr hat die Wahl zwischen fünf möglichen Maßnahmen: Verweis, Geldbuße, Kürzung der Dienstbezüge, Zurückstufung und schließlich Entfernung aus dem Dienst. Der unmittelbare Dienstvorgesetzte kann jedoch nur einen Verweis oder eine Geldbuße verhängen. Für eine Kürzung der Dienstbezüge ist bereits die oberste Dienstbehörde zuständig. Die Entfernung aus dem Dienst und die Zurückstufung kann nur ein Richter am Verwaltungsgericht aussprechen, hierfür muss der Dienstherr Klage einreichen. Übrigens: Für Beamte im Ruhestand gilt dasselbe. Ihnen kann das Ruhegehalt gekürzt oder sogar aberkannt werden.

Zum Vertiefen: Der Ablauf des Verfahrens steht in § 20 BDG. In den § 5 bis § 10 BDG stehen die möglichen Disziplinarmaßnahmen.

Fallbeispiel: Lerchen und Eulen

Wir alle kennen das: Manche Menschen sind Lerchen, andere Eulen. Manche stehen früh energiegeladen auf und gehen zeitig zu Bett und andere arbeiten lieber bis in die Nacht hinein. Schön und gut, aber der Staat hat für dieses Prinzip gar kein Verständnis. In den meisten deutschen Behörden gilt nämlich die sogenannte Kernarbeitszeit. Das heißt: Beamte arbeiten zwar in Gleitzeit, müssen aber zwischen meist

9 und 15 Uhr im Dienst sein. Wird hiervon abgewichen, liegt eine Dienstpflichtverletzung vor. Ein Oberregierungsrat der Bundesanstalt für Finanzdienstleistungsaufsicht nahm das nicht so genau. Getreu dem Eulenprinzip kam er morgens notorisch später und arbeitete dafür abends länger. Wo sei das Problem? Erst nach vier Jahren bemerkte der Dienstherr diese abweichenden Dienstzeiten und leitete prompt ein Disziplinarverfahren ein mit dem Ziel, den Beamten rauszuschmeißen. Dies geschah durch Urteil des Verwaltungsgerichts Düsseldorf. Begründung: An 816 Tagen sei der Beamte zu spät zum Dienst erschienen. Das seien insgesamt 1.614 Fehlstunden, bei einer 41-Stunden-Woche eine Fehlzeit von ganzen neun Monaten! Neun Monate Fehlzeit? Raus mit dem! Wenn Du jetzt denkst, Moment mal, aber er hat das doch abends wieder reingeholt, dann siehst du es genauso wie der besagte Oberregierungsrat. Der ging natürlich in Berufung vor dem Oberverwaltungsgericht Nordrhein-Westfalen. Das sah die Sache aber genauso streng wie die erste Instanz. Schwerwiegendes Dienstvergehen, keine Milderungsgründe, dem Beamten könne man nie wieder vertrauen. In deutschen Behörden muss man Punkt 9 Uhr erreichbar sein und keine Gnade dem, der davon eigenmächtig abweicht.

Doch der gelassene Oberregierungsrat gab sich damit nicht geschlagen und ging vor dem Bundesverwaltungsgericht in Revision. Dieses hob die Urteile auf und schickte den Beamten zurück in den Dienst, allerdings unter Herabstufung in das Amt eines Regierungsrats. Die Richter des Bundesverwaltungsgerichts wiesen darauf hin, dass der Beamte nicht einfach dem Dienst ferngeblieben sei. Man könne das Zuspätkommen nicht addieren und als neun Monate Fehlzeit auslegen. Außerdem wäre es die Pflicht des Dienstherrn gewesen, schon viel früher zu reagieren und den Beamten zum Beispiel mit einer Disziplinarbuße zu maßregeln. Ganz glimpflich könne der Beamte hier trotzdem nicht davonkommen, immerhin zeigte er auch nach Bekanntwerden der Kernarbeitsverstöße und der Einleitung des Disziplinarverfahrens gegen ihn keinerlei Einsicht und behielt sein Eulenprinzip ganz entspannt bei.[54]

Zum Schluss: Persönliche Tipps aus dem Behördenalltag

Hilfreiche Informationen zum Vertiefen

Auch nach der Lektüre dieses Buches wird es vermutlich immer wieder Fragen zum Beamtenverhältnis geben. Hier ein paar empfehlenswerte Quellen zu verschiedenen Themen.

Das Bundesministerium des Inneren (kurz: BMI) informiert auf seiner Website, aber auch über Instagram über den Öffentlichen Dienst, erklärt Änderungen und Grundbegriffe.

Auf der Website des Deutschen Beamtenbundes findet sich ein Lexikon mit allen wichtigen Stichworten rund um den Öffentlichen Dienst. Von Abfindung bis Zuweisung sind die meisten relevanten Punkte des Öffentlichen Dienstes prägnant und verständlich dargestellt: https://www.dbb.de/lexikon/index-a.html.

Es gibt einen Gehaltsrechner für den öffentlichen Dienst, in den man Zulagen, Teilzeit, Familiensituation etc. eingeben und so ausrechnen lassen kann, wie viel man verdienen wird. Hier finden sich auch viele weitere Infos zu Tarifverträgen und Besoldungsgruppen. Außerdem gibt es ein Forum, in dem relevante Themen diskutiert werden können und sogar offene Stellen werden angezeigt: https://oeffentlicher-dienst.info/.

Das kommunalforum.de ist ein kostenloses Netzwerk rund um die Öffentliche Hand und den Öffentlichen Dienst in Deutschland. Dort kann man alle Fragen rund um den öffentlichen Dienst diskutieren: www.Kommunalforum.de.

Auf der Website Beihilfe-Wiki finden sich unzählige nützliche Informationen rund ums Thema private Krankenversicherung und Beihilfe. Hier sind auch alle Krankenkassen aufgelistet, die an der Öffnungsklausel teilnehmen. Im Lexikon werden alle wichtigen Begriffe rund um die PKV erklärt: https://www.beihilfe.wiki.

Deutscher Bürokratie-Wahnsinn – wie persönlich umgehen mit Ineffizienz?

Seit etwa zehn Jahren steigt das Personalanzahl im öffentlichen Dienst kontinuierlich an. Dennoch kann von einer effizienten deutschen Verwaltung keine Rede sein. Dies führt für viele Beschäftigte im öffentlichen Dienst zu Frustration bei der Arbeit oder stellt letztlich sogar einen Grund für einen Ausstieg dar.

Warum ist das so? Ich verzichte an dieser Stelle auf das übliche Bashing der deutschen Bürokratie, denn deren ineffiziente Komplexität ist hinlänglich bekannt. Für Dich als Neueinsteiger in den öffentlichen Dienst gibt es in diesem Zusammenhang dennoch ein paar interessante Punkte zu bedenken.

In einem Beitrag des SWR2-Wissen-Podcasts wurde das Problem der deutschen Bürokratie von einem Unternehmensberater abgehandelt. Er erkannte, dass zwischen „korrekt handeln“ und „das Richtige tun“ ein Unterschied besteht, welcher der deutschen Bürokratie eher fremd ist.[55] Jeder noch so kleine Schritt in deutschen Behörden basiert auf einer Vorschrift. Vorschriften wollen befolgt werden. Sie führen also zu einem regelorientierten Verhalten. Ein regelorientiertes Verhalten ist aber nicht notwendigerweise ergebnisorientiert. Letzteres richtet sich dem konkreten Zweck und Ziel der jeweiligen Handlung aus. Ersteres folgt lediglich den bestehenden Vorschriften.

Dies mag zwar menschlich sein, denn viele Menschen befolgen mit ihrem Handeln nur Vorschriften, ohne dass diese einen besonderen Zweck für sie hätten. Wenn diese Vorschriften jedoch ausufern und zur überlangen Bearbeitungsdauer oder völlig zweckfreien Entscheidungen führen, darf man doch einmal die Frage stellen, ob dies der richtige Weg ist. Tatsächlich wäre eigenständigeres Denken und flexibleres, ergebnisorientiertes Handeln eine wahre Wohltat für die deutsche Bürokratie. Möglich ist dies aber oftmals nicht.

Wann immer ich auf die Idee kam, einen Verfahrensweg zu ändern oder zu verkürzen, einfach um schneller voranzukommen, wurde mir mitgeteilt, dass das nicht der Vorschrift entspreche und so nicht gehe. Geht es dann doch, stehen häufig alteingesessene Kollegen im Weg, die Abläufe so machen, „weil sie schon immer so gemacht wurden“. Auf einer Dienststelle brachte eine junge und motivierte Kollegin mal den Vorschlag ein, man möge das Kalenderwesen doch digitalisieren. Dies erboste die Geschäftsstelle, die mit ihrem Papierkalender das Zepter in der Hand trug und seit Jahren die alleinige Macht über die Terminübersicht innehatte und der Vorschlag wurde strikt abgelehnt. Effektiv? Nein. Was noch hinzukommt: Überlange und komplexe Arbeitsprozesse kosten den Staat enorm viel Geld. So rechnete das Handelsblatt in einem Artikel vor, dass die deutsche Bürokratie ein typisches mittelständisches Unternehmen etwa 2,5 Prozent seines Jahresumsatzes koste und die deutsche Verwaltung im Dschungel der Regelungen gefangen sei.[56]

Ich habe die Hoffnung noch nicht aufgegeben, die Lücken zu finden, in denen sich Arbeitsprozesse regelkonform erleichtern lassen. Hier also ein Appell an Dich: Denke effizient, lass Dich von den vielen Regeln und Abläufen nicht enttäuschen und bringe immer Vorschläge in Deiner Behörde ein. Nimm an Umfragen und Evaluierungen teil und lass Dich von Deinem vielleicht „niedrigen“ Amt oder fehlender Erfahrung nicht einschüchtern. Nur durch motiviertes Einbringen und neuen Vorschlägen, insbesondere von neuen Kollegen, lassen sich Arbeitsprozesse ändern.

Drum prüfe und überlege, ob nicht zuständig ein Kollege – Problem Zuständigkeit

Im öffentlichen Dienst gibt es gibt eine wundervolle Sache, die nicht nur allen Beteiligten Probleme bereitet, sondern sie gleichzeitig beseitigt: die Frage nach der Zuständigkeit. Ein Sprichwort lautet: „Paragraf eins: Prüfe, ob deins.“ Bevor ein Amtsinhaber tätig wird, prüft er seine Zuständigkeit. Im Zweifel ist er nicht zuständig und muss auch nicht weiter tätig werden. Wenn sich jedoch niemand für zuständig befindet, bleibt die Sache liegen. Leider ist das allzu oft Alltag in deutschen Behörden. Es gibt regelrechte Arbeitsaufträge, den zuständigen Sachbearbeiter oder die zuständige Stelle zu ermitteln. Das Problem ist auch ein juristisches, denn eine unzuständige Stelle darf gar nicht tätig werden, weil sie die Befugnis nicht besitzt. Findet sich kein Zuständiger, gehen Dinge auch mal unter. Als ich meine Referendariatsstation bei der Staatsanwaltschaft absolvierte, kursierte dort das Gerücht, Berliner Polizisten hätten eine Leiche mal ein wenig verrutscht, damit sich der Tatort auf Brandenburger Gelände befände und die heillos überlastete Berliner Justiz nicht mehr zuständig sei.

Mein Hinweis an dieser Stelle ist daher: Natürlich prüfst du bei jeder Amtshandlung zunächst Deine Zuständigkeit. Besteht diese nicht, Du hast aber das Gefühl, die Sache wird sonst nicht erledigt, ist es ratsam, den zuständigen Bearbeiter zu kontaktieren und nachzufragen. So lässt sich sicherstellen, dass der Vorgang zumindest nicht untergeht. Junge Beamte, die noch vor Leidenschaft und Diensteifer glühen, sind hier sicherlich vorbildhaft. Es kann jedoch nicht schaden, sich auch nachdem man die Verbeamtung auf Lebenszeit erhalten hat, um gewissenhafte Abarbeitung von Vorgängen zu bemühen. Das kann ein erinnernder Anruf, eine E-Mail, eine kurze Nachfrage oder das Ausdrucken eines Vorgangs sein, der den entscheidenden Stein ins Rollen bringt.

Kriegsgrund in deutschen Behörden – Thema Kaffee

Eine Beamtin morgens zu ihrem Mann: „Schatz, mach doch bitte den Kaffee nicht wieder so stark. Gestern hab ich im Büro kein Auge zugekriegt."

Noch etwas, was in vielen deutschen Behörden gleich gehalten wird und wer das nicht weiß, läuft Gefahr, in einen riesigen Fettnapf zu treten: das Thema Kaffee. Auch ich habe diesen Fettnapf natürlich nicht ausgelassen. Wie ich es aus den Kanzleien, in denen ich bisher gearbeitet habe, gewohnt war, gab es irgendwo eine Kaffeemaschine, an der man sich bedienen konnte. Ganz zu schweigen vom Obstkorb-Dienstag. Dies gilt aber auf keinen Fall für den öffentlichen Dienst! Niemals, unter gar keinen Umständen, sollte man sich irgendwo an irgendwas bedienen. Unbedarft begab ich mich auf den Weg, um mir einen Kaffee aus einer offenen Büroküche zu besorgen. Dieser wurde allerdings vom Oberfeldwebel verwaltet und es bedurfte zuvor einer Anmeldung und monatlichen Einzahlung von 5 Euro. Nach vier Tagen wurde mir mitgeteilt, ich solle mich beim Oberfeldwebel melden, weil aufgefallen sei, dass ich dort Kaffee entnehme. Peinlich! Bei einer Zwischenabordnung zu einer anderen Dienststelle durfte ich hingegen etwas erleben, was in allen deutschen Behörden Sonderstatus haben dürfte: Es gab einen frei zugänglichen Kaffeevollautomat. Man musste nur einen Knopf drücken und konnte zwischen Café Crema, Cappuccino oder Heißwasser für Tee auswählen. Absolute Luxus-Dienststelle. Und das Beste: Man machte einfach einen Strich auf einer Liste und am Ende des Monats zahlte man beim zuständigen Kaffeevollautomatenbeauftragten seine Schulden (ein Kaffee kostete ca. 25 Cent). Diese moderne Maschine veränderte wirklich alles. Plötzlich kamen Kollegen auf einen zu und fragten, ob man gemeinsam einen Kaffee holen wolle. Es gab Small Talk in der Kaffeeküche, es gab Kaffee so viel man wollte, es gab keinen Grund mehr für private Kaffeemaschinen in jedem Büro. Ich war so begeistert, dass ich ganz vergaß, meine Schulden zu bezahlen, bevor ich abreiste und bin dem Kaffeevollautomatenbeauftragten noch heute 1,25 Euro schuldig.

Jede Kaffeemaschine, die in einer öffentlich zugänglichen Büroküche steht, verfügt über einen festen Verteilungsplan, eine Teilnehmerliste, eine Preisliste und einen Kaffee-Organisations-Beauftragten. Man sollte also direkt in der Geschäftsstelle/Sekretariat nachfragen, wie das mit dem Kaffee gehandhabt wird. Oft ist es auch so, dass jeder seine eigene Kaffeemaschine hat. Mancher leistet sich dann einen Vollautomaten fürs Büro, ein anderer begnügt sich mit einer French Press. Selbstverständlich hat jedes Büro auch seinen eigenen Wasserkocher. Beamte teilen nicht! Manchmal ist auch vorgesehen, dass jeder reihum ein Päckchen Kaffee mitbringt, sofern es eine gemeinschaftliche Kaffeemaschine gibt. Die Probleme liegen jedoch auf der Hand. Da sich herausgestellt hat, dass manche großzügig den teuren Kaffee sponsoren, während andere den billigen ohne Geschmack nehmen, ist diese Variante äußerst ungern gesehen. Hinzu kommt, dass nicht geklärt ist, wer für das Kaffeekochen und Reinigen der Maschine zuständig ist. Es sei auch schon vorgekommen, dass der eine ein billiges Päckchen Kaffee gegen ein in der Büroküche vorhandenes teureres Päckchen heimlich für den Heimgebrauch ausgetauscht hat. Nun – beim Thema Kaffee versteht der öffentliche Dienst gar keinen Spaß!

Danksagung

Ein Dank geht an meinen Arbeitgeber: den deutschen Staat. Ohne den Wurf ins kalte Beamtenwasser und den komplizierten, dichten Dschungel aus Vorschriften und Gesetzen gäbe es keine Notwendigkeit für dieses Buch. Ein Dank auch an alle Kolleginnen und Kollegen, die genauso wenig wussten wie ich und mir fleißig ihre eigenen Fragen und ihr Nichtwissen zuführten. Ein Dank auch an alle Kollegen, die Bescheid wussten und mir weiterhelfen konnten oder mir Einblicke in ihren Dienstalltag gewährten. Besonderer Dank an Simon Akstinat, seinerseits Buchautor, ohne dessen motivierende Worte dieses Buch nie entstanden wäre. Größter Dank gilt schließlich meiner Tochter, die es als pflegeleichtes Baby überhaupt ermöglicht hat, dass ich während der Elternzeit ein ganzes Buch verfassen konnte.

Anmerkungen

1 Statistisches Bundesamt, Fachserie 14, Reihe 6, Tabelle 2.1, Stand: 30.6.2021.
2 Popp, Michael: Einkommensunterschiede von Angestellten und Beamten im Bildungssektor. Eine modelltheoretische und empirische Studie zu den Einflussfaktoren. 1. Auflage, [Universität Bayreuth], 2017; Beamter oder Angestellter? Für Lehrer ist das entscheidend, von Anna Günther, SZ Online, Artikel vom 19.2.2018, abgerufen am 6.8.2022.
3 Leppek: Beamtenrecht, Rn. 70 f. 14. Auflage, C. F. Müller, 2023.
4 Thüringen will Rechtsreferendare auf Widerruf verbeamten, LTO Online, Artikel vom 15.2.2021, abgerufen am 6.7.2022.
5 OVG Rheinland-Pfalz, Beschluss vom 8.12.2022 – 2 B 10974/22.
6 OVG Nordrhein-Westfalen, Beschluss vom 10.2.2023 – 6 A 3495/20.
7 OVG Berlin-Brandenburg, Beschluss vom 5.11.2020 – OVG 4 S 41/20.
8 Verhindert eine Psychotherapie die Verbeamtung? Von Pauline Dietrich, LTO Online, Artikel vom 21.4.2022, abgerufen am 2.6.2022.
9 VG Köln, Urteil vom 9.12.2015 – 19 K 2022/14.
10 VG Berlin, Urteil vom 23.9.2022 – 5 K 322.18.
11 Leppek: Beamtenrecht, Rn. 94 ff. 14. Auflage, C. F. Müller, 2023.
12 Dürfen Lehrkräfte streiken? – Fragen und Antworten zum Streikrecht, GEW Informationsbroschüre.
13 Wer streiken will, soll nicht Beamter werden. Kommentar von Susanne Klein, SZ online, Artikel vom 12.6.2018, abgerufen am 5.4.2022.
14 Leppek: Beamtenrecht, Rn. 218 14. Auflage, C. F. Müller, 202.3
15 VG Düsseldorf, Beschluss vom 14.9.2021 – 2 L 1822/21.
16 BVerwG, Urteil vom 17.11.2017 – 2 C 25.17.
17 Polizei in Schottland erhebt Hijab zur offiziellen Uniform, Spiegel Online, Artikel vom 25.8.2016, abgerufen am 7.5.2022.
18 VG Magdeburg, Urteil vom 28.1.2020 – 15 A 6/19.
19 OVG Nordrhein-Westfalen, Beschluss vom 4.3.2022 – 1 B 174/22.
20 Oberstaatsanwalt wegen Korruptionsverdachts angeklagt, LTO Online, Artikel vom 9.6.2022, abgerufen am 10.6.2022.
21 Leppek: Beamtenrecht, Rn. 235 14. Auflage, C. F. Müller, 2023.
22 VG Trier, Urteil vom 12.1.2016, 1 K 3238/15.TR.
23 Polizistin tauscht Knarre gegen knappe Outfits von Matthias Hoffmann, BILD online, Artikel vom 3.11.2022, abgerufen am 1.12.2022.
24 Leppek: Beamtenrecht, Rn. 278 14. Auflage, C. F. Müller, 2023.
25 Ebd., Rn. 272.
26 Leppek: Beamtenrecht, Rn. 125, 14. Auflage, C. F. Müller, 2023, auch: § 21 BBG.
27 OVG Berlin-Brandenburg, Beschluss vom 16.2.2018 – OVG 10 N 34.1.7
28 Leppek: Beamtenrecht, Rn. 126, 333, 14. Auflage, C. F. Müller, 202.3
29 „Kleines Zubrot" Spiegel-Artikel vom 17.2.1985, abgerufen am 30.10.2022.
30 BVerfG, 30.3.1977 – 2 BvR 1039/75, 2 BvR 1045/7.5

31 Neues Bürgergeld: Beamte fordern mehr Lohn – „16 Milliarden nicht der Untergang des Abendlandes" von Patricia Huber, Merkur.de, Artikel vom 6.12.2022, abgerufen am 17.12.2022.

32 Wann wird die Inflationsprämie an Bundesbeamte ausgezahlt? Von Markus Brauer, Stuttgarter Zeitung Online, Artikel vom 1.6.2023, abgerufen am 3.6.2023.

33 BMI legt Entwurf eines Besoldungsanpassungsgesetzes vor, ver.di online, Artikel vom 16.6.2023, abgerufen am 16.6.2023.

34 VG Stuttgart, Urteil vom 30.4.2014 – 3 K 5177/13.

35 Website des DGB, zuletzt abgerufen am 20.5.202.3

36 So sollen Lehrer gelockt werden, von Heike Schmoll, FAZ-Artikel vom 29.4.2023, abgerufen am 20.5.2023.

37 Konkurrentenklagen an Bundesgerichten. Hausgemachte Schwierigkeiten, von Dr. Ursula Knapp, LTO Online, Artikel vom 9.10.2015, abgerufen am 21.4.2023.

38 Proteste gegen Abordnung von Lehrkräften ins Ruhrgebiet, von Martin Gog, Die Glocke, Artikel vom 14.7.2023, abgerufen am 6.1.2024.

39 Ebd. Rn. 167 f.

40 Ebd. Rn. 187 f.

41 Krankenversicherung für Beamtinnen und Beamte, Website der PKV, abgerufen am 12.5.2023.

42 Website der Deutschen Beamtenversorgung: Die Pauschale Beihilfe, abgerufen am 3.6.2023.

43 Regierung will Extremisten schneller loswerden, von Oliver Neuroth, tagesschau.de, Artikel vom 15.2.2023, abgerufen am 25.2.2023.

44 Schluss mit der Frühpension für Lehrer, von Anna Günther, SZ Online, Artikel vom 25.6.2017, abgerufen am 3.9.2022.

45 Bundesbank fordert Anhebung des Pensionsalters von Beamten, von Karsten Seibel, Welt Online, Artikel vom 22.10.2018, abgerufen am 9.8.2022.

46 Website des BMI: Versorgung, abgerufen am 6.1.2024.

47 § 14 Abs. 1 BeamtVG.

48 Statistik der Deutschen Rentenversicherung (Stand: 30. Juni 2022).

49 Tausende Euro mehr im öffentlichen Dienst: So hoch ist die durchschnittliche Pension von Beamten im Vergleich zur Rente, Business Insider Deutschland, vom 4.4.2023, abgerufen am 6.1.2024.

50 Verwaltungsgericht Berlin: Urteil vom 27.6.2022 – VG 36 L 220/22.

51 Ruhestandskosten für Beamte, Hessenschau Online, Artikel vom 12.7.2022, abgerufen am 12.7.2022.

52 Bericht der Bundesregierung über die Evaluation des Altersgeldgesetzes, Drucksache 18/10680, 13.12.2016.

53 Beamter kommt sechs Jahre nicht zur Arbeit – und keiner merkt's, Spiegel Online, Artikel vom 12.2.2016, abgerufen am 14.1.2024.

54 Bundesverwaltungsgericht, Urteil vom 28.3.2023 – Az. 2 C 20.21; Morgenmuffel darf Beamter bleiben, LTO Online, Artikel vom 28.3.2023, abgerufen am 16.6.2023.

55 Podcastfolge SWR2 Wissen, So gelingt Bürokratieabbau in der Verwaltung/Wollen wir Recht haben oder soll es funktionieren? Vom 6.4.2023.

56 Lesen, leiden, lochen – Bürokratie-Wahnsinn in Deutschland, Handelsblatt, Artikel vom 7.11.2022, abgerufen am 26.11.2022.

Quellen

Gesetze

Allgemeines Gleichbehandlungsgesetz vom 14.8.2006 (BGBl. I S. 1897), zuletzt geändert durch Artikel 4 des Gesetzes vom 19.12.2022 (BGBl. I S. 2510).

Beamtenstatusgesetz, Gesetz vom 17.6.2008 (BGBl. I S. 1010).

Berliner Landesbeamtengesetz (LBG) vom 19.3.2009, zuletzt geändert durch Artikel 2 des Gesetzes vom 9.2.2023 (GVBl. S. 30).

Bremisches Beamtengesetz vom 15.1.2010, zuletzt geändert durch Artikel 1 des Gesetzes vom 2.5.2023 (Brem.GBl. S. 415).

Bundesbeamtengesetz, Gesetz vom 5.2.2009 (BGBl. I S. 160).

Bundesbesoldungsgesetz vom 19.6.2009 (BGBl. I S. 1434), zuletzt geändert durch Artikel 1 des Gesetzes vom 22.12.2023 (BGBl. 2023 I Nr. 414)

Bundesdisziplinargesetz, Gesetz vom 9.7.2001 (BGBl. I S. 1510).

Bundesreisekostengesetz, vom 26.5.2005 (BGBl. I S. 1418), zuletzt geändert durch Artikel 9 des Gesetzes vom 28.6.2021 (BGBl. I S. 2250).

Erholungsurlaubsverordnung in der Fassung der Bekanntmachung vom 11.11.2004, zuletzt geändert durch Artikel 6 der Verordnung vom 16.8.2021 (BGBl. I S. 3582).

Gesetz über die Leistungslaufbahn und die Fachlaufbahnen der bayerischen Beamten und Beamtinnen vom 5.8.2010, zuletzt geändert durch Art. 130f Abs. 3 des Gesetzes vom 5.8.2022 (GVBl. S. 414).

Gesetz über die Beamtinnen und Beamten des Landes Nordrhein-Westfalen vom 14.6.2016.

Hamburgisches Beamtengesetz (HmbBG) vom 15.12.2009, zuletzt geändert durch Artikel 2 des Gesetzes vom 7.12.2021 (HmbGVBl. S. 840).

Leistungslaufbahngesetz Bayern (LlbG) vom 5.8.2010 zuletzt geändert durch Art. 130f Abs. 3 des Gesetzes vom 5.8.2022 (GVBl. S. 414).

Mutterschutz- und Elternzeitverordnung vom 12.2.2009 (BGBl. I S. 320), zuletzt geändert durch Artikel 5 der Verordnung vom 16.8.2021 (BGBl. I S. 3582).

Sächsisches Beamtengesetz vom 18.12.2013 (SächsGVBl. S. 970, 971), zuletzt geändert durch Artikel 11 des Gesetzes vom 20.12.2022 (SächsGVBl. S. 705).

Strafgesetzbuch in der Fassung der Bekanntmachung vom 13.11.1998 (BGBl. I S. 3322).

Schornsteinfeger-Handwerksgesetz vom 26.11.2008 (BGBl. I S. 2242), zuletzt geändert durch Artikel 2 Absatz 10 des Gesetzes vom 20.12.2022 (BGBl. I S. 2752).

Tarifvertrag für den öffentlichen Dienst, vom 13.11.2005, zuletzt geändert durch Änderungstarifvertrag Nr. 18 vom 25.10.2020.

Verwaltungsverfahrensgesetz in der Fassung der Bekanntmachung vom 23.1.2003 (BGBl. I S. 102).

Verordnung über die Gewährung von Prämien und Zulagen für besondere Leistungen, neugefasst durch B. v. 25.9.2002 BGBl. I S. 3745; aufgehoben durch § 11 V. v. 23.7.2009 BGBl. I S. 2170 Geltung ab 4.7.1997.

Verordnung über die Arbeitszeit der Beamtinnen und Beamten des Bundes, vom 23.2.2006 (BGBl. I S. 427).

Verordnung über Beihilfe in Krankheits-, Pflege- und Geburtsfällen (Bundesbeihilfeverordnung), vom 13.2.2009 (BGBl. I S. 326), zuletzt geändert durch Artikel 1 der Verordnung vom 1.12.2020 (BGBl. I S. 2713; 2021 I 343).

Verordnung über den Sonderurlaub für Bundesbeamtinnen und Bundesbeamte sowie für Richterinnen und Richter des Bundes, vom 1.6.2016 (BGBl. I S. 1284), die zuletzt durch Artikel 6 der Verordnung vom 16.3.2023 (BGBl. 2023 I Nr. 80) geändert worden ist.

Rechtsprechung

Bundesverwaltungsgericht, Urteil vom 17.11.2017 – 2 C 25.17.

Bundesverwaltungsgericht, Urteil vom 28.3.2023 – 2 C 20.21.

Bundesverfassungsgericht, Beschluss vom 30.3.1977 – 2 BvR 1039/75, 2 BvR 1045/75.

Oberverwaltungsgericht Berlin-Brandenburg, Beschluss vom 16.2.2018 – OVG 10 N 34.17.

Oberverwaltungsgericht Berlin-Brandenburg, Beschluss vom 5.11.2020 – OVG 4 S 41/20.
Oberverwaltungsgericht Nordrhein-Westfalen, Beschluss vom 4.3.2022 – 1 B 174/22.
Oberverwaltungsgericht Nordrhein-Westfalen, Beschluss vom 10.2.2023 – 6 A 3495/20.
Oberverwaltungsgericht Rheinland-Pfalz, Beschluss vom 8.12.2022 – 2 B 10974/22.
Verwaltungsgericht Berlin, Urteil vom 27.6.2022 – VG 36 L 220/22.
Verwaltungsgericht Berlin, Urteil vom 23.9.2022 – 5 K 322.18.
Verwaltungsgericht Düsseldorf, Beschluss vom 14.9.2021 – 2 L 1822/21.
VG Köln, Urteil vom 9.12.2015 – 19 K 2022/14.
Verwaltungsgericht Magdeburg, Urteil vom 28.1.2020 – 15 A 6/19.
Verwaltungsgericht Stuttgart, Urteil vom 30.4.2014 – 3 K 5177/13.
Verwaltungsgericht Trier, Urteil vom 12.1.2016, – 1 K 3238/15.TR.

Literatur, Websites und Sonstiges

Beamter oder Angestellter? Für Lehrer ist das entscheidend, von Anna Günther, SZ Online, Artikel vom 19.2.2018, abgerufen am 6.8.2022.
Bericht der Bundesregierung über die Evaluation des Altersgeldgesetzes, Drucksache 18/10680, 13.12.2016.
Bundesbank fordert Anhebung des Pensionsalters von Beamten von Karsten Seibel, Welt Online, Artikel vom 22.10.2018, abgerufen am 9.8.2022.
Dürfen Lehrkräfte streiken? – Fragen und Antworten zum Streikrecht, GEW Informationsbroschüre.
Handelsblatt Lesen, leiden, lochen – Bürokratie-Wahnsinn in Deutschland, Artikel vom 7.11.2022, abgerufen am 26.11.2022.
„Kleines Zubrot“, Artikel aus Der Spiegel, 8/1985.
Konkurrentenklagen an Bundesgerichten. Hausgemachte Schwierigkeiten, von Dr. Ursula Knapp, LTO Online, Artikel vom 9.10.2015, abgerufen am 21.4.2023.

Krankenversicherung für Beamtinnen und Beamte, Website des Verbandes der Privaten Krankenkassen https://www.pkv.de/, abgerufen am 12.5.2023.

Leppek, Sabine: Beamtenrecht, 14. Auflage, [C. F. Müller], 2023.

Morgenmuffel darf Beamter bleiben, LTO Online, Artikel vom 28.3.2023, abgerufen am 16.6.2023.

Neues Bürgergeld: Beamte fordern mehr Lohn – „16 Milliarden nicht der Untergang des Abendlandes", von Patricia Huber, Merkur.de, Artikel vom 6.12.2022, abgerufen am 17.12.2022.

Oberstaatsanwalt wegen Korruptionsverdachts angeklagt, LTO Online, Artikel vom 9.6.2022, abgerufen am 10.6.2022.

Podcastfolge SWR2 Wissen, So gelingt Bürokratieabbau in der Verwaltung/Wollen wir Recht haben oder soll es funktionieren? Vom 6.4.2023.

Polizei in Schottland erhebt Hijab zur offiziellen Uniform, Spiegel Online, Artikel vom 25.8.2016, abgerufen am 7.5.2022.

Polizistin tauscht Knarre gegen knappe Outfits von Matthias Hoffmann, BILD online, Artikel vom 3.11.2022, abgerufen am 1.12.2022.

Popp, Michael: Einkommensunterschiede von Angestellten und Beamten im Bildungssektor. Eine modelltheoretische und empirische Studie zu den Einflussfaktoren. 1. Auflage, [Universität Bayreuth], 2017.

Regierung will Extremisten schneller loswerden, von Oliver Neuroth, tagesschau.de, Artikel vom 15.2.2023, abgerufen am 25.2.2023.

Ruhestandskosten für Beamte, Hessenschau Online, Artikel vom 12.7.2022, abgerufen am 12.7.2022.

Schluss mit der Frühpension für Lehrer, von Anna Günther, SZ Online, Artikel vom 25.6.2017, abgerufen am 3.9.2022.

So sollen Lehrer gelockt werden, von Heike Schmoll, FAZ Artikel vom 29.4.2023, abgerufen am 20.5.2023.

Statistisches Bundesamt, Fachserie 14, Reihe 6, Tabelle 2.1, Stand: 30.6.2021.

Thüringen will Rechtsreferendare auf Widerruf verbeamten, LTO Online, Artikel vom 15.2.2021, abgerufen am 6.7.2022.

Verhindert eine Psychotherapie die Verbeamtung? Von Pauline Dietrich, LTO Online, Artikel vom 21.4.2022, abgerufen am 2.6.2022.

Wann wird die Inflationsprämie an Bundesbeamte ausgezahlt? Von Markus Brauer, Stuttgarter Zeitung Online, Artikel vom 1.6.2023, abgerufen am 3.6.2023.

Website der deutschen Rentenversicherung: Statistik der Deutschen Rentenversicherung (Stand: 30.6.2022), abgerufen am 15.7.2022.

Website des Bundesministerium des Inneren, https://www.bmi.bund.de/DE/startseite/startseite-node.html, Stand: 16.6.2023.

Website des DGB, dgb.de, Stand: 16.6.2023.

Wer streiken will, soll nicht Beamter werden, Kommentar von Susanne Klein, SZ Online, Artikel vom 12.6.2018, abgerufen am 5.4.2022.

Lerm

Entscheidungssammlung Beamtenrecht

Die wichtigsten Gerichtsentscheidungen auf einen Blick

Kein lästiges Suchen in Datenbanken und Bibliotheken: Die wichtigsten Gerichtsentscheidungen aus dem Beamtenrecht auf einen Blick! Das Werk umfasst eine thematisch sortierte, aktuelle Sammlung der wichtigsten Gerichtsentscheidungen aus dem Beamtenrecht des Bundes. Jede Entscheidung wird durch eine prägnante Zusammenfassung abgerundet. Die Entscheidungen gliedern sich in die Bereiche: Verfassungstreue, Einstellungen von Bewerber:innen, Dienstunfall, Entlassung von Beamtinnen und Beamten, Amtshaftung, dienstliche Beurteilung, Nebentätigkeiten sowie sexuelle Belästigung am Arbeitsplatz.

2024, Softcover, 286 Seiten, ISBN 978-3-8293-1882-2, 29 €

Metzler-Müller | Rieger | Seeck | Zentgraf

Beamtenstatusgesetz

Der Kommentar zum Beamtenstatusgesetz ist für Rechtsanwender:innen in der Verwaltungspraxis sowie für den gesamten öffentlichen Dienst in den Bundesländern eine kompetente und wichtige Orientierungs- und Arbeitshilfe. Die Erläuterungen orientieren sich dabei vor allem an den Bedürfnissen und Interessen der Kommunalverwaltungen in den Ländern. Der Titel beinhaltet eine Einführung mit der Historie, der Gesetzesentstehung und dem Inhalt des Beamtenstatusgesetzes. Die Kommentierungen sind praxisnah unter Einbeziehung von entsprechenden Beispielen und Übersichten ausgestaltet. Im Anhang sind die Texte der ergänzenden Rechtsvorschriften abgedruckt.

Kommentar, 6. Auflage 2022, Softcover, 630 Seiten, ISBN 978-3-8293-1752-8, 69 €

Heid

Beamtenrecht des Bundes

3. Auflage 2024, Softcover,
ca. 300 Seiten, 49 €,
ISBN 978-3-8293-1922-5

Gunkel | Hoffmann

Beamtenrecht in Nordrhein-Westfalen

Lehrbuch, 9. Auflage 2023,
Softcover,
618 Seiten, 40€,
ISBN 978-3-8293-1810-5

Brosi-Barth

Impulsbox für das Mitarbeitergespräch

2023, Kartenset, 20 €,
ISBN 978-3-8293-1842-6

Kanzenbach

Arbeits- und Dienstrecht für das Public Management

2021, Softcover,
238 Seiten, 30 €,
ISBN 978-3-8293-1616-3